놓으세요!

소중한 나를 위한 응급처치

놓으세요!

발행일	2018년 6월 18일			
지은이	동 가			
펴낸이	손 형 국			
펴낸곳	(주)북랩			
편집인	선일영		편집	권혁신, 오경진, 최예은, 최승헌, 김경무
디자인	이현수, 허지혜, 김민하, 한수희, 김윤주		제작	박기성, 황동현, 구성우, 정성배
마케팅	김회란, 박진관, 조하라			
출판등록	2004. 12. 1(제2012-000051호)			
주소	서울시 금천구 가산디지털 1로 168, 우림라이온스밸리 B동 B113, 114호			
홈페이지	www.book.co.kr			
전화번호	(02)2026-5777		팩스	(02)2026-5747

ISBN   979-11-6299-186-2 03190(종이책)   979-11-6299-187-9 05190(전자책)

이 도서의 국립중앙도서관 출판예정도서목록(CIP)은 서지정보유통지원시스템 홈페이지(http://seoji.nl.go.kr)와
국가자료공동목록시스템(http://www.nl.go.kr/kolisnet)에서 이용하실 수 있습니다.
(CIP제어번호 : CIP2018018349)

(주)북랩 성공출판의 파트너

북랩 홈페이지와 패밀리 사이트에서 다양한 출판 솔루션을 만나 보세요!

홈페이지 book.co.kr • **블로그** blog.naver.com/essaybook • **원고모집** book@book.co.kr

놓으세요!

소중한 나를 위한 응급처치

동가 지음

행복해지고 싶다면 반드시 알아야 할
마음 내려놓기
12가지 원리와 비밀

북랩 book Lab

지금도 고통받고 있을지 모를 또 다른 '나'들에게.

"놓으세요!"

나의 내면에서 누군가가 그렇게 소리친 건
깊은 고요 아래서였다.

목차

제1장
이뤄지지 않아요

여신: 우리는 살면서 너무나 많은 것들을 '붙잡고' 있습니다! 직업, 성적, 돈, 인간관계, 자녀, 의무감, 심지어 단순한 감정까지도. 붙잡고 있다는 표현은 말 그대로입니다.

동가: 아, 아니. 갑자기 그런 소리를 내질러도 사람들은, 으갸 갸!

날개 달린 순백의 여성으로부터 주먹이며 발차기가 동가에게 날아와 마구마구 내리꽂혔다.

여신: 너, 입 닥쳐. 주인공은 나라고, 나! 나라고, 나!

동가: (부은 눈두덩이를 쓰다듬으며) 당신. 솔직히 말해! 방금 '나야 나!' 하려고 했지?

여신: 그 입 다물라!

픽, 퍼버벅! 또 한바탕 유혈사태가 지나고 나서야 실내가 안정되었다.

동가: 으, 이건 폭력이야. 사람을 이렇게 마구잡이로….

여신: 안녕하세요? 아, 아니다. 그냥 편하게 할게. 안녕. 나는 여신이야. 이름은 없어. 신에게 이름을 붙이는 자, 엄벌을 내리겠노라! 같은 건 아니고, 그냥 이름이 없어.

여신은 바닥에 널브러져 엉엉 울고 있는 동가를 들어 올렸다.

여신: 자, 여기 한심한 남자는 '동가'. 엉엉 울다가 지쳐서 나를 찾길래 손수 내려와 줬지.

동가: 아니, 앞장에 깔아두었지만, 그쪽이 찾아온 건 울 때가 아니라, 내가 고요해졌을 때야.

여신: 아, 시끄러워! 그 입 다물라!

동가: 뭐만 하면 시끄럽대…. (구시렁구시렁)

여신: 거기! 구시렁거리는 거 다 보여! 여신을 해태로 보는 거야? 흐흠, 첫인상부터 너무 난폭해 보이면 안 되니 이만하도록 하지.

여신은 어쩐지 날카로운 눈빛으로 정면을 보고 말했다.

여신: 붙잡다. 사전상에는 '놓치지 않도록 단단히 쥐다', '달아나지 못하게 잡다' 등으로 나와 있지. 내 가르침에서 의미하는 바도 크게 다를 바 없고. 자, 일단 한마디 하고

시작할까?

<u>여신은 크게 숨을 들이마셨다가 있는 힘껏 고함치며 말했다.</u>

여신: 놓으세요!

<u>그것이 이야기의 테마이자, 핵심이라는 것을 당시의 동가는
잘 알지 못했다.</u>

*

여신: 자, 이리 와서 앉아 봐. 웰컴 한심동.
동가: 한심동은 뭐야. (구시렁구시렁)

<u>빡!</u>

동가: 으악!
여신: 거기! 너처럼 궁상맞고, 철딱서니 없고, 무책임하고, 바
　　　보 같고, 벌레 같은… 아, 이건 좀 심했지.

<u>동가는 마음에 치명적인 공격을 받고 녹다운(Knockdown)되
었다.</u>

여신: 아직 죽지 마! 아프지 마! 울지도 마! 내 생각은 안 하
　　　나? 아무튼, 벌레는 취소. 그것 빼고 전부인 한심한 명
　　　칭이, 거기에 손수 네 이름을 붙여 만든 애칭이지. 한심
　　　충이 아닌 것을 다행으로 알라고!

동가: (부들부들) 끄으으응.

여신: 잘 참았어. 거기서 조금만 더 추락했다면 100% 한심충
　　　이니까. 빼박 한심충, 오직 한심충, 한심충을 위해 태어
　　　난 싸나이, 한싸! 오, 이건 어때?

동가: 싫어요!

여신: 그렇다면 잘 듣도록! 네가 얼마나 소화하느냐에 따라서
　　　네가 성공적인 삶을 살 수 있는지 없는지 정해진단 말이
　　　야. 거기! 지금 이 책을 보고 있는 당신도 똑같아! 잘 들
　　　어! 새겨들어라, 이 말씀이야. 음, 복장에 기합이 없어서
　　　그런가.

**순간 순백의 빛이 그녀를 감싸더니, 그곳에는 하얀 날개가 달
린 미모의 여교사가 서 있었다.**

여신: 자, 어때? 선생님 스타일이니 더 집중할 수 있겠지. 어,
　　　동가? 왜 코피를….

동가: 굿, 굿잡(Good job)….

<u>아까와는 다른 의미로 피를 흘리고 있는 동가. 여신은 영문도
모른 채 이야기를 계속했다.</u>

여신: 수많은 자기계발 서적에서 말하지. 행복, 부, 명예, 좋은
　　　직장, 연인을 포함하는 인간관계, 이런 것들을 손에 넣
　　　으려면 어떻게 하라고 말이야. 어떻게 하지? 한심동?

동가: 으윽, 그 호칭 어떻게 안 되나요? (곰곰이 생각한 후) 음, 일단
　　　보편적으로는 '열심히, 계획적으로, 노력해서!'라고들 하지
　　　만 한편으로는 '상상'하라든지 소망을 적어보라든지 하지
　　　요. 요컨대 '끌어당김의 법칙'을 활용하라! 이거죠. '생각
　　　은 현실이 된다' 아닙니까.

여신: 오오, 제법 아는데?

동가: 훗, 그쪽 방면으로는 나름대로 공부 좀 했죠.

여신: 그래그래. 하지만 내가 권하려는 건 조금 달라. 너 솔직
　　　히 말해 봐. 그렇게 해서 이뤘니? 이뤄봤어?

동가: (멈칫) 그, 어느 정도는….

여신: 어느 정도는?

동가: 나름대로….

여신: 나름대로?

동가: 아잇! 그 법칙이 작용한다는 것 정도는 알겠는데 대단한
　　　걸 이루려면 잘 안되더라고요!

여신: 흐흠, 그래서?

동가: 뭐, 그랬다면 지금 벤× S클래스 타고 다니면서 임대료나 받고 살겠죠, 뭐.

여신: 하.

동가: 하?

여신: 한심하고 한심하도다! 너무 한심하고 한심해서 한심하다고 부르기 미안할 만큼 한심해. 너는 이제부터 한심동은 졸업이야. 한 단계 업그레이드됐어! 넌 이제 '하'다!

동가: (곰곰이 생각한 후) '좋은 건가?'

동가가 고개를 갸웃거리고 서 있자니 볼기짝에 매서운 폭격이 날아왔다.

동가: 으악! 아파! 정말, 진심으로 아파! 이건 성희롱이야!

여신: 그래, 나의 불쌍한 새끼 양아. 누가 유인해서 사시사철 털 깎고, 쓸모없어지면 마디마디 해체해서 양고기 집으로 유통되는 최후에 처해져도 멍청하게 가만히 있을 이 덜떨어진 어린 양아. 참고로 하는 '최하'의 '하'다.

동가: 최하라니, 아니, 내가 최하라니! 이게 무슨 소리야! 이보시오! 여신 양반!

여신: 선생은 앞으로… 핫! '이놈의 페이스에 말려들면 나까지 패러디 중독자가 되고 말 거야.' 으흠, 흠! 뭐 이 이상 푸닥거리하는 것도 귀찮으니 진도나 나가야겠다. 어휴, 다

들 잘 들어. 법칙은 분명 있어. 그리고 이뤄지지 않은 건 그럴 만한 이유가 있었다는 거고. 그 법칙을 누가 관리한다고 생각하는 거야?

동가: 그, 그럼 나 벤× S클래스부터! 빨리요, 빨리!

빵!

여신: 그럴 만한 이유가 있었다는 걸 명심해. 강력하게 무언가를 의도하려면, 그에 걸맞게 내면에서도 그것을 받아들일 공간이 있어야 해. 나는 그걸 '믿음'이라고 부르지. 이 한심한 동가도 그렇고, 당신도 아마 그것을 놓치고 있을 테니까.

여신은 불현듯 정면을 바라보며 엄한 표정을 지었다.

여신: 만약 자신의 절실한 '목표'를 쫓아오거나 그것만을 이루기 위해 온 사람도 있지? 솔직히 말하자면, 초반부에서는 속 시원한 이야기를 듣긴 힘들 거야. 오로지 '믿음으로 목표를 이루는 것'에만 초점을 맞추고 싶으면 그것에 대한 전문적인 서적들이 얼마든지 있으니까 잘 찾아가 보는 걸 추천할게.

동가: 그럼, 저는…?

여신: 넌 입 닥치고 여기 있어! 어디서도 듣기 힘든 가르침을 줄 테니까! 거기 당신도! 그렇다고 정말 책 덮지 마! 안 끝났어!

동가: '정말 그동안 해왔던 게 다가 아니라고? 다른 게 있어?' 음, 저는 준비됐어요.

여신: 제법 눈빛이 좋아졌네. 좋아, 얼른 진도를 나가주지. 어려운 내용은 아니지만 생소할 수도 있으니 새겨듣도록.

여신은 언제부터 쓰고 있었는지 모를 새까만 뿔테 안경 뒤에서 눈을 빛냈다.

여신: 무언가를 강력하게 상상하기, 요컨대 가만히 앉아 그런 기분을 느껴보는 건 사실 그렇게 어려운 일은 아니야. 그런 일이 적성에 맞는 사람은 분명 있겠지.

하지만 말이야. 기본적으로 불안과 집착을 잔뜩 품고 사는, 요 동가 같은 사람들은 적용하기 힘들었을 거야.

동가: 반박하기 힘들군요. 하지만 고작 불안과 집착 때문이었다고요? 그런 사고방식이 가득했기 때문에 소원이 이뤄지지 않았던 거라고요?

여신: 그래.

동가: 으아니! 챠! 왜 안 이뤄지는 거야!

여신: 패러디 금지! 품위를 지켜라!

여신의 오른 주먹이 불끈 솟아오르자, 동가는 언제 그랬냐는 듯 자세를 고쳐잡고 여신의 말을 경청하기 시작했다.

여신: (어쩐지 아쉬운 표정으로) 흐음, 혹자는 인간들이 추구해야 할 단 하나의 의문은 단지 '나는 누구인가?'라고 하지. 내 가르침 역시 이곳에서부터 출발해. 아직 감이 안 오지?
뭐, 이 진리에 대해서 파고들려면 수많은 탐구와 정성이 있어야 하겠지만, 당장 원리를 몰라도 사용은 가능해. 전기가 그렇고 컴퓨터가 그렇지. 스마트폰 안의 어떤 부품, 어떤 무엇이 이러한 편리를 주고 있는지 세세하게 이해하고 있는 사람들이 얼마나 있을까?

동가: 나는 누구인가, 라고요?

여신: 나는 누구인가, 우리는 무엇일까? 이것이 인간으로서 추구해야 할 기본적인 탐구주제야.

동가: 나는 누구인가? 우리는 무엇일까? 나는 누구인가? 우리는 무엇일까? 나는 누구인가… 흐어엉.

피시식, 동가가 현기증을 느끼며 쓰러지기 직전, 여신이 쓰러지는 그의 육체를 받아내었다.

여신: 어휴, 이 멍청이! 되지도 않는 머리로 탐구하려고 하니

그렇지! 똑바로 앉아 봐! 내가 해답을 줄 테니. 자, 여러분도 잠시만 생각해 봐. 나는 누구인가? 우리는 무엇일까? 아직은 모를 테지만, 그래. 내가 이렇게 선언하면 믿어줄 수는 있지?

동가: (두근두근)

여신: 너희들은 행복해야만 하는 존재야.

동가: 행복이요?

여신: 그래, 행복. 너희가 추구해야 할 건 어떠한 물질도, 사람도, 집도, 자동차도 아니라 행복이야. 여기서 한 발자국만 더 나아가자면 너희는 이미 '있는 그대로도 행복한 존재'라고 말할 수 있지. 이해 못 했어도 괜찮아. 내가 가르치고 제안하는 가르침을 따라가다 보면 이른 시일 내에 충분히 깨닫게 될 테니까.

동가: 겨우, 행복? 그렇게 얻어 터져가며 듣고 있었는데, 행복? 돈, 명예, 이런 좋은 건요?

여신: 이 멍청이를 나락에서 구하는 건 나조차 당장은 힘들 것 같으니 일단은 무시할게.

　　내가 말하는 건 어떻게 보면 단 하나야. 그저 행복. 단순한 행복. 아무런 조건도, 제약도 없는 행복. 단지 지금 살아있다는 감각. 누군가는 그것을 현존이라고 하고, 다른 한쪽에서는 그것을 조화(Harmony)라고도 하지만, 일단은 최소한의 것만 이해해 주면 돼. 요즘 인간들 그런 거 좋아하잖아. 미니멀리즘(Minimalism).

동가: Simple is the best!

여신: 그래, 단순한 건 좋은 거야. 내 이야기는 그래. 이건 단지 행복이 있다는 전제하에 그 정수만을 취하고 자 하는 사람들을 위해 마련한 아주 작은 공간이야. 물론 이 땅에서 좋아 보이는 이것저것 —예를 들어, 부, 성취, 명예, 완벽한 연인, 행복한 가정— 을 위해 온 사람도 환영해. 하지만 그래도 지금 이 순간 내 가르침을 보고, 이해하고, 적용해 보는 그 잠깐만이라도 그런 욕구를 살짝 옆으로 놔둘 수 있겠어?

동가: 놓았다가 사라지면 어떻게 해요! 저 돈 많이 벌어야 하고 얼른 그녀를 다시 만나 행복해야 하는데….

여신: 노~답! 노답이야, 넌 정말! '휴, 이 녀석을 갱생시키려면 얼마나 애를 써야 할는지.' 아무튼, 자. 봐 봐.

동가: 흐에엥.

여신: 야! 울지 말고 일단 보라고! 내 이야기는 어렵지 않을뿐더러 그렇게 길지 않아. 너희들에게 그러고자 하는, 그저 너그러운 기분만 있다면 누구라도 공감할 이야기니까. 자, 분위기를 정리할 겸 한마디 하고 시작할까?

놓으세요! 놓아 버리세요.

무엇을 놓으라는지, 도대체 자신이 붙잡고 있는 게 무엇인지, 아직 감이 안 잡힐 거야. 혹시 요 동가 같은 멍청이가 아니라 눈치가 빠른 사람은 내가 서두에 펼쳐놓은 이런저런 것들을 말하려는 거구나 하는 것을 알아차렸을 테고.

그래도, 다시 한번 목이 터지도록 외쳐볼게.

놓으세요! 그저 놓아 버리세요.

자, 동가! 너도 따라 해야지, 조교가 뭐 하는 거야?!

동가: 노, 놓으세요! 놓아 버리세요! (아주 작은 목소리로) 어쩐지 비겁한 것 같은데. 이렇게 해서 바뀌는 게 있나?

여신: 그저 회피라고 생각할지도 모르겠네.

동가: (여신이 하는 말을 아직 못들었다) 도망치는 거야 쉽지.

여신: 사실 그렇게 쉽지만은 않아.

동가: 붙잡고 있음으로 인해 얻는 것도 분명히 있다고! 바보 여신 같으니. 여신은 사랑의 상징 아니야? 이건 뭐, 폭력 대마왕도 아니고. (구시렁구시렁)

빡!

여신: 그래, 다들 동가 같은 생각이 먼저 들겠지. 부정하는 생각들이 무수히 떠올라 일단 반박부터 하고 싶은 사람들도 있을 거야. 만약 그렇다면, 이걸 당신이 벌써 진심으로 받아들여 줄지 모르겠지만, 그것도 '놓아' 봐. 그런 '생각'까지도 놓아 버리라고! 책임 회피라고 여겼던 그 순간의 생각마저도 놓아 버리는 거야.

그저 놓는 거야. 어려운 것 없어. 세상 그 어떤 일도, 의무도, 심지어 단순한 감정 하나까지도 붙잡고 있는 것보다는 놓는 게 훨씬 쉬우니까.

동가: (잦은 구타로 인하여 조금 난폭해졌다) 어렵다고요! 그런 사고방식! 젠장! 다른 신이 나왔어야 했는데!

빠악!

여신: 단지 '익숙하지 않을 뿐', 해 보면 돼. 알겠니? 내 이야기를 듣고, 약간의 이해와 함께 그저 해 보면 되는 거야. 사실 이해도 크게 필요 없어. 그냥 해 봐. 적용해 보기만 하면 쉽게 알 수 있는 거니까.

만약 내 이야기를 진심으로 받아들여 준다면 당신의 의도한 이 새로운 '습관'이 정착하기까지의 시간은 그리 길지 않을 거야. 당신이 마음먹고 놓아 버리고 당신의 '있는 그대로'의 삶을 새로 본다면! 진심으로 그렇게 할 수 있다면! 아주 놀라운 일이 발생할 테니까.

동가: 그게 뭔데요?

여신: 너희 인간들이 '기적'이라고 부르는 것들 말이야.

*

여신: 자, 주목! 원리를 알고 싶어 하는 사람도 있을 테고, 근 거를 찾고자 하는 이들도 있을 거야. 하지만 강요한다고 생각 말고 들어 줘. 그저 잠시만, 너희들 안에 있는 너그 러움을 약간만 사용해서 이 이야기를 받아들여 보는 거 야. 나쁜 이야기는 아니잖니. 동가, 너에게 난 누구지?

동가: 깡패?

여신: 여신! 인마! 나 이래 봬도 여신이라고!

흠흠! 자, 생각해 봐. 그저 고민을, 욕구를, 의무를, 걱정 을, 집착을, 분노를 잠깐 놓아 버리라고 하는 일에 무슨 부작용이 있겠어? 그것도 무려 여신의 말이야. 큰맘 먹 고 믿어 봐. 해를 끼칠 일도 없어.

동가: 해? 내가 지금까지 얻어맞은 고통과 흉터는 은혜라고 받 아들여야 하나요? 끄으으윽!

잠시 동안 동가는 여신에게 목이 졸린 상태로 생사를 오락가 락했다.

여신: 이렇게! 나는 너의 생사여탈권을 쥐고 있는 위대한 존재라는 걸 잊지 말도록 해. 흠, 흠흠, 어쨌든 나머지 착실한 학생들 덕분에 이 선생님은 위안을 받아. 참, 나는 앞으로 너희들 앞에 놓인 모든 부정적인 감정들, 상황들을 '문제'라는 단어로 압축할 거야. 당신의 걱정, 고민, 의무, 불안, 두려움 등을 포함한 감정들. 그리고 빈곤, 이별, 절교 등을 포함한 상황들까지도 전부!

동가: 이별이라는 단어를 그렇게 쉽게 말하지 마쎄효!

여신: 으이구, 이 화상아! 그래, 뭐 동가처럼 혹시 당신을 괴롭히는 '문제'가 자신의 잘못으로 인한 것이라면, 솔직히 버거울 수도 있어. 하지만 죄책감 역시도 그저 '감정'의 일환이라고 생각하고 적용해 봐. 그저 이 순간 당신에게 '면책권'이 있다고 가정해 보는 거야. 원한다면 내가 줄 수도 있어. 그저 잠시만 치워둘 수 있지? 잠시만, 아주 잠시만 치워두는 거야. 혼자가 어렵다면 내가 도와줄게. 행복하고자 내 이야기를 찾아와 준 너희들에게, 내가 사랑의 기운을 보내줄게.

동가는 어쩐지 가슴 한쪽에서부터 올라오는 감정으로 인하여 눈시울이 붉어졌다.

동가: '어, 내가 왜 이러지? 이러면 안 되는데…'

여신: 내 이야기를 끝까지 들어보고, 그리고 다시 가져와도 돼. 만약 원한다면 말이야. 교통 법규를 어기라는 것도 아니고, 남에게 폐를 끼치라는 것도 아니야. 그저 당신 마음속을 괴롭히고 혼란하게 만드는 '문제'들을 잠시만, 아주 잠시만 놓아 버리라는 단순한 이야기야.

그리고 조금 더 덧붙이자면, 이것은 분명 효과가 있을 거야!

자, 따라 해! 놓으세요! 놓아 버리세요!

동가: 놓으세요! 놓아 버리세요!

여신: 놓는다고 바뀌는 건 아무것도 없다는 생각이 들지 모르지만, 그래도 놓아 봐. 대신 진심으로 놓아야 해, 알겠지? 동가. 넌 뜨거운 숯을 쥔 채로 화상에 고통스러워하는 미련한 사람의 이야기를 들어본 적 있니?

동가: 그런 멍청이가 세상에 어딨어요? 크크크. 숯을 놔 버리면 되는 거 아니에요?

여신: (고개를 절레절레) '이럴 줄 알았어. 이 바보는 역시.' 애야, 비웃기 전에 네 삶에서 일어나는 일들을 떠올려 봐. 그저 우스운 이야기로 치부할 수는 없을 테니까.

하지만 그래. 동가가 말했듯이 정답은 놓는 거야! 놓는다면, 당신이 진심으로 놓아 버린다면 그것은 없는 거니까. 너희에게 아무런 위협도 가하지 못해. 그로 인해 생성되는 불안, 두려움, 짜증, 분노를 포함하는 '문제'들이

눈 녹듯이 사라져 버린다는 것을 알 수 있을 거야.

그러면 그제야 자각할 수 있어. 당신이 어째서 이미 행복한 것인지. 무엇이 당신을 행복하게 할 수 있는지. 그때가 되면, 놀랍게도 너희들에게 순한 일들만, 좋고 기쁜 일들만 일어날 거라고 장담할 수 있단다.

동가: '놓는다고?'

<u>동가는 한참이고 고개를 숙이고 있었다. 정신이 오락가락하는 와중에 그에게 들린 한마디가 그의 가슴에 파문을 일으켰다.</u>

여신: 다음 장에서는 잠깐 이 멍청이의 이야기를 하고, 그 후에는 실제로 삶에 적용할 수 있는 여러 가지 방법을 알려줄게. 그러니 자, 모두 따라 해.

놓으세요!

제2장
동가의 이야기

저는 어려서부터 조금 남달랐어요. 혹시 충격적인 무언가가 있을까 기대하실까 봐 미리 말씀드리자면 대단히 남달랐던 건 아니에요. 특별히 뛰어나다거나 이렇다 할 재능이 있었던 것도 아니고요. 어디서나 볼 수 있는 그런 흔한 남자입니다. 어른이 된 지는 한참 됐고요. 제가 말씀드리는 건 인생관에 대한 이야기에요.

저는 제 인생의 성공은 '사랑'에 달려있다고 생각했습니다. 여기에서 사랑은 말 그대로 남녀 사이의 연애를 말합니다. 무엇이 이 소망의 계기였는지, 당시에는 몰랐어요. 그저 진심으로 사랑하는 사람을 만나, 그 사람과 가정을 이루고 그 가정을 평생 유지하는 것, 이것이 제가 생각하는 성공의 전부였습니다.

그래서 저의 20대 시절은 부단한 노력의 과정이었습니다. 사랑하는 사람을 찾고 싶어서 대단히도 큰 노력을 했어요. 하지만 아이러니하게도 그때의 저는 사랑의 정확한 의미조차 알지 못하는 바보였습니다. 사랑을 하려면 '나의 사랑을 줄 만한 사람'을 만나는 게 먼저란 터무니없는 생각에 사로잡혀 있었으니까요.

그래도 저는 노력한 만큼 제법 많은 인연을 만났습니다. 짐작하시겠지만 이런 삐뚤어진 연애관을 가진 사람의 말로가 그렇듯, 연애가 끝나고 남은 것은 대부분 후회와 자책, 괴로움뿐이었습니다. 돌이켜보면 그래도 매력적인 사람들과 괜찮은 관계를 유지했지만, 그 끝이 좋지는 못했어요.

하지만 당시의 저는 포기도 빠르고 기분전환도 빠른 사람이었습니다. 설상가상으로 이런 바보 같은 생각을 키워나가고 있었지요.

'어차피 이 사람은 내가 사랑하기엔 부족했어.'
'내 사랑을 있는 그대로 받아주지 못해.'
'나를 진심으로 사랑해 줄 사람은 없는 건가?'

더 좋은 사람을 만나기 위해서는 더 노력해야 한다고만 생각했어요. 내가 차가 없어서 그렇구나! 그래서 무리해서 차를 샀어요. 내 외모가 잘나지 못해서 그렇구나! 애써 꾸미고 가꾸는 데 열중했어요. 말투가 별로여서 그런가? 억지로 다른 매력적인 사람들의 목소리를 따라 하려 했어요. 저는 그저 저를 고치고 바꾸고 개선하려 노력했습니다.

지금 생각해 보면 그래요. 그것은 학대였습니다. 스스로에 대한 잔인하고도 끔찍한 학대. 그래서 때때로 아주 많이 힘들기도 했어요. 우울하고 괴로웠지요. 하지만 이런 노력으로 인한 결과를 위안으로 삼고 참았어요. 행복을 손에 쥐기 위해서 노력하는 게 무엇이 잘못이란 말이야? 내게 가장 중요한 건 사랑하는 사람을 만나 행복해지는 것이니까, 여기에는 어떤 잘못도 없어!

기쁨과 슬픔, 혼란과 평온, 자책과 괴로움, 짜증, 답답함, 욕구 불만과 인내 그리고 수많은 감정과 상황들 틈새를 떠돌아다녔습니다.

그러다 기적적으로! 그녀를 만나게 되었습니다.

*

그녀는 완벽했어요. 지금 생각하면 정말 오만하고 그릇된 생각이지만, 제가 앞서 말씀드린 '나의 사랑을 줄 만한 사람'에 꼭 맞는 사람이었죠.

그녀는 외모, 성격, 취향, 심지어 직업마저도 저에게 꼭 맞는 사람이었습니다. 저와 그녀는 깊은 관계까지 이어졌기 때문에 저는 그녀의 가족들과도 친밀하게 지낼 수 있었는데요. 와, 정말! 정말 놀랍게도 그녀의 가족들마저도 제가 존경하고 사랑할 수 있는 그런 분들이었어요. 그뿐만 아니라 그녀의 고향도, 그녀 주변의 지인들까지도 마음에 드는 그런 기적 같은 사람이었습니다.

우리는 다른 연인들과 남다른 게 많았어요. 모든 게 다 딱 맞았고 서로를 진심으로 사랑했습니다. 잠시만 떨어져 있어도 서로 그리워했고, 같이 있는 순간에는 몇 년을 못 본 사이처럼 서로를 아껴 주고 사랑하기만 했어요. 사람과 사람이 처음 만났을 때 어색한 기간을 보내다가 친밀해지는 그런 기간 따위도 없이 우리는 원래 그랬던 것처럼 완벽한 연애를 했습니다.

우스갯소리로 저는 "지금껏 해보지 못한 사랑, 당신에게라면 있는 그대로 쏟아부을 수 있어."라고 말했습니다. 그녀는 그녀대로 "우리의 이별은 사별(死別) 외엔 없어."라고 하기까지 했지요. 서로가 서로에게 이런 이야기를 솔직하게 할 수 있을 만큼 그녀와 저의 관계는 가까웠습니다. 우리는 주변에서 정말 유별나다고 할 만큼 격렬하게 사랑했습니다.

사랑은 사람을 바꾼다고 하죠? 덕분에 저도 참 많이 바뀌었습니다. 그전의 저는 사람을 만나기를 좋아하여 잦은 술자리를 가지거나 모임에 나가기 일쑤였어요. 어떤 상대를 만나도 그것은 바뀌지 않았는데, 그녀는 저를 바꿔놓았습니다. 그녀와 함께하는 순간이 너무나도 황홀하여 다른 사람과의 관계는 어떻게 돼도 상관이 없다는 듯이 행동했죠.

실제로 다른 사람들과 무엇을 해도 재미가 없었어요. 그녀와 함께하는 식사가 아니면 별다른 맛이 느껴지지 않았고, 그녀와 함께 잠드는 순간에만 휴식할 수 있었어요. 영화, 산책, 쇼핑, 여행, 그녀와 함께하는 모든 것이 행복하고 소중했습니다.

저는 확신했습니다. 이제 됐다! 내 인생에서 이보다 더 내가 사랑할 수 있는 사람은 없어! 이렇게 완벽한 사람을 만났으니 이제 이것을 평생 유지하면 되겠구나! 이 행복, 그리고 우리가 이루게 될 가정을 위해서 열심히 살면 되는 거야. 나는 인생의 승리자다! 성공했어!

우리는 결혼을 약속했고 모든 게 잘되고 있었어요. 아니, 잘되고 있다고 생각했습니다.

하지만 언제부터였을까요? 어디서부터 잘못됐고 무엇이 문제였는지 지금은 잘 알지만, 당시에는 알 도리가 없었어요. 그녀와의 관계가 틀어진 순간 슬픔으로 인해서 저는 올바른 사고를 할 수 없었답니다.

한 마디로 표현하자면, 그래요, 그것은 저의 '거짓' 때문이었습니다.

저에게는 감추고 싶고, 숨기고 싶은 과거가 있었거든요. 그것은 저조차도 기억 한쪽으로 묻어버린 것들이었습니다. 정직함은 언제 어디서나 통하는 올바른 태도이지만 그때는 몰랐어요.

'그녀가 이 사실을 안다면 나를 사랑하지 않을 거야.'
'나는 사랑하고 싶고, 사랑받고 싶어. 이러다 사랑할 기회가 사라지면 어떡하지?'

그런 두려움에 저는 거짓말을 반복했던 것이죠. 솔직히 말하자면 '내가 이것을 이야기하지 않는 게 우리 사이에 이롭다.'

는 생각까지도 했어요. 선의의 거짓말이라며, 이게 내가 사랑을 지키는 방식이라며 자신을 설득하고 또 설득했죠. 결국, 그것은 그녀를 믿지 못한 것이었죠. 그녀를 기만했고 그녀의 가족들, 주변 사람들에게도 너무나도 큰 잘못을 저지른 것이었어요.

　사람과 사람 사이의 신뢰는 참 중요하죠. 그녀는 저에게 늘 정직했고 늘 저만 바라봐 주었습니다. 하지만 저는 그런 그녀에게 저 자신을 끊임없이 감추고 기만했습니다. 심지어 제 가면이 들통난 상황에서조차 저는 거짓으로 일관했습니다. 그러니 이런 아픔은 어쩌면 당연한 순서였는지 몰라요.

　무척이나 힘들었습니다. 그녀와 떨어진 후에는 슬픔과 자책, 괴로움 때문에 죽고 싶었어요. 그 슬픔이 얼마나 큰지 이루 말할 수 없을 정도예요. '고작 사랑? 연애? 그게 뭐 대수라고' 생각하시는 분도 있을지 모릅니다. 하지만 그것을 '인생의 목적이나 의미'라고 대체해서 생각해 주세요. 저로서 그녀의 부재는 삶의 의미를 잃은 것이었습니다. 의미가 없는 삶은 제겐 살 가치도 없었고요.

　더군다나 저는 감수성이 아주 많이 예민한 사람이었어요. 제가 예민한 만큼 그녀의 빈자리가 더 크게 다가왔습니다. 그녀는 제 인생에 너무도 많이 남아 있었어요. 어디를 가도 그녀가 보였고 어떤 물건을 보아도, 심지어 그녀가 사랑해 준 제 육신을 보아도 그녀가 생각났어요. 오랫동안 생활을 같이한 만큼 너무도 많은 곳에서 그녀의 흔적을 찾고, 괴로워했지요.

매일 술 없이는 잠들지도 못했어요. 끊임없이 아팠습니다. 엉엉 울다가 지쳐서 넋 놓고, 간신히 잠들어도 새벽이면 느닷없이 깨어나 괴로워했어요. 결국, 극단적인 생각을 하기에 이르렀죠.

'죽는다면 편할까?'

당시의 저는 외출할 때면 오늘은 어떤 기분인지, 혹시 오늘은 얼마만큼 죽고 싶은지 점검하고 안심한 뒤에야 외출했어요. 누군가와 통화하지 않으면 운전도 못 했어요. 혹시 제가 충동적으로 가드레일이라도 때려 박을까 봐 걱정됐거든요. 운전할 때마다 가족들, 친구들과 수없이 많은 통화를 했습니다. 제가 얼마큼 가라앉아있었는지 아시겠어요?

'너무 괴롭다. 이 상황을 해결하지 않으면 안 돼.'

깊은 슬픔의 끝에서 저는 살고 싶어서, 살기 위해서, 살아있다면 어떻게든 그녀를 만날 수 있을 거란 희미한 희망 하나만 가지고 해답을 찾기 위해 일어섰습니다. 슬프고, 죽고 싶은 충동 건너편에는 반대로 행복해지고 싶고 살고 싶다는 욕구가 있음을 저는 알 수 있었어요.

'이렇게 끝낼 수는 없어. 나는 그녀를 아직도 너무 많이 사랑해.'

다행스럽게도 저는 끌어당김의 법칙을 비롯하여 마음을 다루는 일에 관심이 많았어요. 읽고 연구한 책만 해도 천장에 닿을 만큼 많았고, 나름 성장한 것도, 얻은 것도 있긴 있었습니다.

그래도 예전처럼은 하기 힘들었습니다. 당장 죽고 싶고 의지가 없는데 뭘 끌어당겨야 하지? 그녀? 나는 그녀가 돌아와 줄 거라고 확신할 수 있을까? 그걸 내가 믿을 수 있을까? 이런 혼란 속에서는 아무것도 끌어당기지 못한다는 걸 알고 있었기에 저는 조금 다른 방식을 시도하게 되었습니다.

그것은 바로 현실을 있는 그대로 바라보자는 아주 단순한 생각이었습니다. 저는 과거와는 다른 노선인 그것을 '생각'했습니다. 잠시만 눈물을 멈추는 거야. 이대로는 아무것도 바뀌지 않아. 저는 오직 이것에만 몰두하기로 작정했어요. 그저 '지금 이 순간, 이 현실은 완벽하다'고 되뇌고 생각하며.

솔직히 말하자면 그 대책 없는 생각이 왜, 어디서 떠올랐는지는 모르겠습니다. 단지 저는 그것을 기반으로 수많은 생각을 했을 뿐이에요. 조금 과장해서 말하자면, 24시간 내내 생각했던 것 같습니다. 잠도 오지 않았고 식사는 의욕이 없었으니 그렇게 할 수밖에 없었지만요. 일주일도 안 되어 체중이 10kg 가까이 줄었어요. 그러는 동안 수많은 생각이 떠올랐고 반대로 수많은 생각이 사라졌습니다.

그러다 불쑥, 그 목소리는 아주 자연스럽게 저에게 다가왔어요.

"놓으세요!"

저의 내면, 그 깊은 고요 속에서 누군가가 그렇게 소리쳤어요. 바람처럼 자유롭고 예쁜 유리구슬처럼 반짝이는 그 목소리가 나를 고양시켰고….

동가: (화들짝 놀라며) 뭐야? 이거 상상이 아니잖아? 방금 진짜 목소리가 들렸어?!

여신: 어휴! 이 멍청이야! 거기서 조금 더 나아갔다면 해탈이었는데!

동가: 해, 해탈?! 그것보다 당신은 누구예요? 왜 우리 집에 무단침입한 겁니까!

여신: 그게 중요해? 어휴, 넌 천고의 기회를 놓친 거야! 평범한 인간이 홀로 자각하여 깨어나는 게 흔한 줄 아니?

여신은 난데없이 동가에게 연타공격을 먹였다.

여신: 이 바보! 멍청이! 거짓말쟁이!

동가: 거짓말쟁이? 아, 거짓말쟁이는 맞지만…. 악, 아파! 아프다고요! 방금까지 명상하던 사람을 이렇게 구타해도 됩니까?

여신: 너, 정말 터무니없는 삶을 살았구나?

동가: 무슨! 신경 쓰지 마시죠? 나도 알아요! 내가 죄인입니다! 내가 나쁜 놈이라고요! 나도 그래서 몇 번이고 죽으려다가 간신히 마음잡고 발버둥 치는 건데! 그리고 그것보다, 일단 나가요! 나가!

여신: 아, 잠깐. 밀지 마! 밀지 말라고! 나 신이라니까? 여신이야! 천벌 받을래?

그렇게 자칭 여신이라고 주장하는 그녀와 인간계에서 승천(?)할 뻔한 한심한 남자가 기묘한 수업을 시작했다.

제3장
놓으세요!

여신: 자, 이번 장에서는 실제로 적용하는 방식을 알려 줄게. 당연한 말이지만 어려운 건 없어. 내 가르침은 늘 단순하고 쉽지. 지적 이해 없어도 괜찮아. 만약 이 모든 걸 제대로 이해 못했다고 생각이 든다면 그것도 그냥 놓아 봐.

동가: 무슨 만능 엔터테이너 같은 소리 하고 있네.

여신: 만능 맞거든? 으으. 태클 하나하나마다 반응하면 내 품위가 떨어질 테니 이번 한 번만 참아주지. 거기 당신! 잘 이해 안 되면 다시 읽어보면 돼. 한 번에 이해 못하면 어때. 그저 천천히 알아가면 돼. 내가 무엇을 이야기하는지. 사랑스럽고, 사랑받아야 할 당신께 무엇을 전달하려하는지.

동가: 사랑 같은 소리 하네.

여신: (이마에 굵은 핏줄이 몇 개 돋았다) 긴 이야기가 아니잖아아? 넉넉잡고 두어 시간만 집중하면 가능할 거야.
　　 단지 '놓는다'는 것에만 집중하고 나머지는 자유롭게 해! 이것이 어떤 규칙이고, 어떤 금기가 있고…. 나는 그런 거 정하지 않았어. 내가 바라는 건 당신의 행복이니까.

너희가 마땅히 누려야 하고 누릴 수 있는 행복 말이야.

동가: 저, 저는요?!

여신: 이 한심한 멍청이도 포함해서.

동가: (살짝 혀를 깨물고) 안심~. 안심.

여신: 도저히 못 참겠다!

**여신의 니킥이 동가의 인중을 가격했고, 수박이 터지는 소리
와 함께 동가는 바닥에 쓰러졌다.**

여신: 이 멍청이는 나름대로 마음에 대해서 공부를 많이 했으
니 수업 중간마다 끼어들지도 몰라. 여러분의 질문 내지
는 태클을 대신한다고 여겨주면 고맙겠어. 다만 워낙 태
도가 불량해서 탈이야. 쯧!
아아, 왠지 모범생, 공부 잘하는 학생들만 데리고 가려
는 교사들의 기분을 알 것 같은걸? 흠흠, 하지만 나는
이래 봬도 신이니까! 여신! 그러니 내 바람은 곧 너희들
의 행복 아니겠어? 솔직히 말해서 이 바보를 포함한 이
세상 모든 사람이 마음의 그늘 없이 행복했으면 좋겠어.
이 사람은 더 행복하고, 저 사람은 덜 행복해라. 저 사
람은 내 동료니까 행복하고 저 사람은 경쟁자니까 행복
을 조금만 느껴라, 같은 게 아니야. 나는 단지, 그저 모
든 사람이 행복하고 평화로웠으면 좋겠어. 그러니 부디

이 방식을 적용해 보고 행복해 줘. 그거면 돼.

*

여신: 자, 본격적인 수업인데…. 간단하게 시작할까? 아니면
　　　복잡하게 시작할까?

동가: 간단하게!

여신: 놓아! 놓아 버리는 거야. 무엇이든지. 그게 다야. 나머지
　　　는 창의적으로 자유롭게 하면 돼.

동가: What?! Simple is the beast!

여신: 그건 비×트야! 이 멍청이야. 〈12시 30분〉이냐? 〈픽션〉
　　　이냐?

동가: 아뇨, 저는 제 감상 그대로 말한 거라고요! 간단한 건
　　　정말 무섭네요. 간단한 거 싫어요. 복잡하게 알려주세
　　　요, 제발! 전 사실 자유롭게 무언가를 하라고 하면 시름
　　　시름 앓는 병에 걸렸거든요.

여신: 무슨 철딱서니 없는 병이야, 그게?

동가: 내가 하는 방식이 맞는지, 아닌지 고민되잖아요. 게다가
　　　고민하다 보면 정작 그 방식 자체는 실행하지도 못하고
　　　시간만 계속….

여신: 어휴, 그래. 혹시 동가처럼 상세한 지침을 원하는 사람
　　　들을 위해 조금 수고를 해 주지 뭐. 일단 확실하게 인지

할 수 있도록 공식과 몇 가지 예를 들어 줄게. 여기서 핵심은 '인식의 전환'이 필요하다는 거야.

'문제'가 떠오른다. ⟶ '놓기'로 결정

이 한 줄이 전부야. 예를 들어볼까? 누군가가 자신을 험담하면 보통은 '어째서 저런 말을 하지?'라든가 '똑같이 해줘야겠다'는 생각이 들지. 동가는 어때?

동가: 그걸 그냥 둬요? 전 찾아가서 면전에 대고 화내요. 나이 먹으니까 뵈는 게 없더라고요. 똑같은 수준의 욕을 해주지 않으면 어휴, 화딱지가 그냥!

여신: (고개를 끄덕이며) 뭐, 화가 나는 게 당연해.

동가: 당연? 혼내지 않는 거예요?

여신: 나는 너를 있는 그대로 사랑한단다, 얘야.

동가: (등줄기를 타고 소름이 쫙 돋아났다) 으으, 왜 이래요!?

여신: 그건 네 잘못이 아니니까. 그게 지금까지 너희가 살아온 환경, 관계, 상황에서는 적합한 행동방식이었을 테니까. 그것은 잘못이 아니야. 하지만 그런 식으로 행동해서 혹시 얻은 것은 있니?

동가: 최소한 속은 시원했죠.

여신: 정말? 거리낌 없이? 가슴 아프거나 자책이 들진 않고?

동가: 그….

여신: (초롱초롱한 눈길로) 정말이야? 정말?

여신은 그 이름에 걸맞은 아름다운 모습이었기에 동가는 그
녀의 눈빛 공격을 견뎌내지 못했다.

동가: 미안하더라고요, 젠장! 다음부터는 그러지 말라고 하고
    말걸. 그렇게 했으면 어땠을까 고민하기도 했고요. 잘못
    은 저쪽이 먼저 한 건데!

여신: 그래서, 내가 다른 제안을 주려는 거야. 모두 알겠지?
    자, 예시를 포함해 공식을 다시 써보자.

'누군가가 나를 험담하는 이야기를 들었다.' → 그로 인한 부정적인
    감정인 '분노'가 솟아오른다. → '분노'를 놓기로 결정

여기서 결정한다는 것이 실제로 놓는 과정이야. 속으로
'놓아 버리자. 그 감정을 가지고 있어서 뭐해. 놓아 버리
자. 놓으면 돼!'라고 해도 좋고, 입으로 말해도 괜찮아.
편한 대로 해. 흰 종이에 '나는 ○○을 놓는다.' 혹은 '나
는 ○○를 내려놓았다.'라고 적는 것도 아주 좋은 방법이
야.

동가: 컴퓨터나 스마트폰의 메모장을 켜고 타이핑하는 건요?

여신: 얼마든지, 뭐든지. 나중에 다시 짚고 넘어가겠지만, 미리 알아둬. 내려놓는 건 그 행동 자체가 아니라 너의 '의식'이 그것을 행하는 거니까.

그 외에도 혼자 가만히 앉아서 눈을 감고 놓아 버리는 걸 추천해. 소위 말하는 명상하는 자세 말고 그냥 의자에 편안하게 앉은 채로 말이야. 이때는 그저 속으로 '그래, 놓아 버리자. 놓는 거야.' 단지 의도하는 것만으로 그 작업은 쉽게 진행되는 걸 알 수 있을 거야.

동가: 불은 켤까요? 끌까요?

여신: (침묵) 생각해본 적 없는데?

동가: 흐잉? 저같이 감성적이고 섬세한 사람은 세세히 짚어주지 않으면 안 돼요!

여신: 아무 상관 없다는 거야! 이 바보 같은 어린 양아!

동가: 아하! 앞으로 짚어주지 않는 건 그냥 그렇게 판단할까요?

여신: 어휴, 제발! 부디! 꼭! 그렇게 해 줘, 응? 나 보기보다 꼼꼼한 존재야. 너희가 숙지해야 하고 꼭 지켜야 하는 건 물어보지 않아도 콕 찍어줄 테니까, 응?

어쨌든 앉아서 눈을 감고 있으면 몸이 이완된 만큼 머릿속에 온갖 것들이 떠오를 거야. 아마 처음 시도해보는 사람들은 무척 놀랄지도 몰라. 몇 년 전, 혹은 몇십 년 전에 있었던 일이 떠오르기도 하니까. '내가 아직도 이걸 담아두고 있었어?' 싶을 만큼. 만약 그것이 떠오른다면 그것도 놓아 버리면 돼. 그로 인한 감정도 놓아 버리고.

동자: 또 다른 방법은요?

여신: 음, 이만해도 충분하지만. 그래, 상상을 이용하는 것도 괜찮겠네. 어떤 감정을 이미지화해서, 예를 들면 감정을 새카만 도형으로 만들어 그것을 마음속의 손으로 쥐었다 놔 버리는 상상을 해 봐. 그 도형이 바닥에 떨어지는 순간 마음속에 해방감이 떠오른다면 잘한 거야. 마지막으로는 호흡을 이용하기! 문제를 날숨에 담아 '후우'하고 내뱉어 봐. 뱉어서 놓아 버리는 만큼 마음이 아주 가벼워질 테니.

어쨌든 해 봐! 자신에게 효과적이고 꼭 맞는 게 있어.

동자: 이제야 제법 여신다우시네요.

여신: (손가락을 하나 꼽으며) '몰아서 패야지. 안 되겠다. 자꾸 흐름이 끊겨.'

어떤 방식으로 하든 처음부터 잘되는 사람도 있겠지만 어렵게 느껴질 수도 있어. 그래도 내 이야기를 듣고 적용하는 것 이상의 무엇을 할 필요는 없어. 나를 포함해 다른 사람에게 물어볼 필요도 없고. 이것은 아주 쉽고 간단한 거니까, 혼자서도 충분히 할 수 있단다. 그렇게 조금만 연습하다 보면 그 놓아 버리는 순간의 느낌을 반드시 인지할 수 있어.

동가: 순간의 느낌? '인지'요?

여신: 그것이 '놓아 버림'이 작동하는 방식이니까. 그 느낌을 잘 기억해. 그것이 너희를 도울 거야. 그 느낌, 그 방식이 습관이나 태도로 체화되는 시점이 와. 그렇게 되면 마치 숨쉬기처럼 너희 곁에 머물면서 삶의 행복을 위한 가장 효율적인 도구로 사용하게 될 테니까.

동가: 아직 감이 안 잡히지만요. 해 볼게요, 해 보면 되는 거죠?

여신: 그래, 이른 시일 내에 너희는 그 놓는 감각을 좋아하게 될 것이고, 또한 그것이 아주 자연스러운 행동이라는 걸 알게 될 거야.

아까 살짝 이야기했지만 '놓아 버림'에 있어서 중요한 사항은 그 행위 자체가 아니라 그러한 마음가짐, 의도를 이야기하는 거야. 이 부분을 잘 생각해 봐. 지적으로 이해하는 건 한계가 있다는 걸 명심해. 깨닫고 느껴야 해!

동가: 알 것도 같고, 모르겠는 것도 같고.

여신: 자, 다른 예를 들어 줄게. 혹시 다른 상황은 좀 더 물질적인 것일지도 모르겠네.

동가: 물질 최고! 물질만능주의여, 영원해라!

여신: '얘는 대단한 재산이 있는 것도 아니면서, 어휴.' 만약 당신이 물질적, 금전적인 욕구를 가졌다고 치자. 동가처럼 벤X 어쩌고를 소망할지도 모르고, 집, 혹은 다른 값비

싼 것을 욕망할지도 모르지.

동가: 혹시, 때릴 건가요?

여신: 아니야. 나는 널…

동가: 사랑한단다, 금지! 간지러워 못 들어주겠다고요!

여신: (손가락을 꼽았다) 고급 자동차를 소망하는 욕구? 괜찮아. 무조건 부정적이라 생각하지 마. 억지로 참지도 말고. 억누르는 것만큼 자신을 학대하는 건 없어. 여기 이 동가도 그런 자기 학대의 화신 같은 존재였기 때문에 내가 잘 알고 있지.

동가: 전 집착의 화신이기도 해요.

여신: (손가락을 꼽았다. 세 개째다) 이때도 내가 줄 수 있는 정답은 하나야. 놓으세요! 놓아 버리세요.

'문제'가 떠오른다. ⟶ '놓기'로 결정

공식이 다시 나왔지? 이번에는 꼭 숙지하라는 뜻이야. 여기서 '문제'는 '욕구가 아니다'라는 걸 명심해. 이 점을 잘 이해해야 헤매지 않거든. 잘 들어, 욕구가 문제가 아니라 '집착하는 것'이 '문제'야.

동가: (상당히 충격받은 얼굴로) 욕구는 상관없다는 말이에요? 집착이랑 욕구랑 비슷한 거 아닌가요?

여신: 무언가를 갖고 싶다는 건 그저 자연스러운 욕구인데 그게 왜 나쁘니? 욕구 자체는 인간들에게 아무런 악영향을 미치지 못해. 단지 그것을 갖고 싶어 미치겠어! 이것만 있으면 행복할 것 같은데, 왜 내겐 그게 없을까? 왜 나는 그런 능력이 안 될까? 이것이 '집착'이자 '문제'지. 왜, 네가 잘하는 거 있잖아.

동가: *끄응….*

여신: 그러니 놓아 봐. 무언가를 갖고 싶어 안달 난 그 집착을 쥐었다가 —이미 쥐고 있을 테지만— 놓아 보라고. 무엇을 쥐기 위해 애쓰는 것만큼 힘든 것은 없어. 놀라운 사실 하나 알려 줄까?

동가: 이것보다 더 놀라운 게 있단 말이에요?

여신: 이건 시작에 불과해. 자, 잘 들어. 괴로움은 말이야, 너 자신이 만든 거야. 어이, 거기 당신! 당신도 마찬가지야! 괴로움은 자신이 부여하지 않았다면 존재할 수 없어. 그것은 원래 없는 거니까. 자신이 그렇게 인식하지 않는 한 그것은 아무것도 아니야. 마지막으로 말할게. '잘못된 상황'이란 없어. 마찬가지로 잘못된 사람, 잘못된 현실이란 없지. 단지 '인식'이 그것을 가리고 있을 뿐이야.

동가: (고개를 절레절레) 어휴, 말은 쉽지.

여신: 야! 죽는다, 너!

제4장
당신의 현재를
싫어하면 안 돼요

동가는 출근길 도로 위에서 갑작스럽게 끼어든 얌체 차량 때문에 급브레이크를 밟았다.

동가: 아, 뭐야! 과속의 별에서 태어난 외계인 같은 자식이.

여신: 너 욕을 굉장히 독특하게 하는구나?

동가: (콧날을 쓱 매만지며) 그런 이야기 많이 들어요. 이런 엉뚱함이 인기의 비결이자 매력 포인트였는데, 결국 지금 그녀는 흑흑….

여신: 어휴, 누가 누굴 보고 외계인이래? 이 자책의 별에서 태어난 자책성인 같으니라고!

　　　동가야. 그때 해탈했으면 이 고생을 안 하잖니?

동가: 그게 마음대로 되나요, 뭐?

여신: 물론 그런 기회가 흔한 건 아니지만 미끄러졌다고 해서 영원히 방법이 없는 건 아니야. 내가 알려주는 내려놓기와 이런저런 것들을 열심히 하다 보면 분명 잘될 테니까.

동가: 더 알려 줄 것?! 빨리 알려 주세요. (기도하는 자세로) 저를 부디 이런 슬픔과 괴로움 속에서 건져내시어.

여신: '이건 이거대로 꼴 보기 싫네? 얘 언제 인간 만들지…?' 뭐, 그래 알았어. 여기서 조금 더 나아갈 사람들은 몇 가지만 더 생각하면 돼.

동가: 그래요, 얼른 저를 해방하여 부자로 만들어 주세요. 내 차가 벤X S클래스였다면 저런 얌체 외계인이 감히 끼어들지도 못했을 테니.

여신: 틀렸어.

동가: 네?

여신: 그런 사고방식이면 평생 고급 자가용은 꿈도 꾸지 못해.

끼익!
동가는 너무도 큰 충격에 비상등을 켜고 갓길에 차를 세웠다. 안 그래도 차량이 많은 출근길이 동가의 자가용 때문에 정체를 빚기 시작했다.

여신: 뭐 하는 거야? 이 차량정체의 주범 같으니!

동가: 내가 지금 기분이 좋지 않은데 차 좀 밀리면 어때요?

여신: 오늘 너 계속 헛다리구나? '전제'를 바꿔야 인생이 순하게 흐르기 시작한단다, 얘야.

동가: 네에? 아아, 빙빙 돌리지 말고 좀 속 시원하게 얘기 좀

해 줘요!

여신: 잘 들어, 거기 당신도! '전제'를 바꾸는 일에 대해서 가르쳐 줄게. 일단 도로가 엉망이니 얼른 출근하든, 지각하든, 차 좀 빼!

동가는 그 와중에도 늦지 않게 사무실에 도착해서 자리에 앉았다. 동가의 직장은 컨설팅 업무를 하는 소규모 회사였기 때문에 조용히 업무를 수행하는 척하며 여신의 이야기를 듣기 좋았다.

여신: 일단 시작은 하는데, 너 일도 착실히 하는 거다? 알았지? 현재 자기 일에 충실하지 않으면 넌 어디 가도 적응 못 해.

동가: (고함) 뭐라고요?!

직원들: (술렁술렁)

동가: 그건 또 무슨 무책임한 소리에요! 얼른 교육받아서 하루라도 빨리 이 멍청하고 맥아리 없는 회사를 때려치워야 하는데! 오늘은 반차도 신청했단 말이에요. 난 그저 빨리 임대업자나 하고 싶은 사람이에요!

직원들: (술렁술렁) 뭐야, 왜 저러지?

여신: 야, 너 입 닥쳐! 내 목소리는 너한테만 들리지만 넌 아냐!

동가: 나의 부자 인생이, 이따위 회사 때문에 엉망이 되고 있다고요! 얼른!

여신: 그게 아니야. 어휴, 이제 그냥 듣기만 해. 넌 크게 두 가지 전제를 명심해 두어야 해. 첫째는 바로 '지금 이 순간을 밀어내는 자는 어디에도 갈 수 없다'는 거야. 지금 네가 '싫다고 생각하는' 이 직장에 박혀있는 건 네가 이 상황을 '싫어'하기 때문이야. 너는 유인력(끌어당김의 법칙)을 공부했다는 애가 그 정도도 모르니?

동가: 알지만요. 정작 삶의 중요한 부분에 대해서는 그러기가 힘들더라고요.

여신: 예를 들면?

동가: 직장, 돈, 자동차….

여신: 혹시 그것 빼고 나머지는 그럭저럭 괜찮은 삶 아니었니?

동가: 냐항?!

여신: 이제 좀 감을 잡은 것 같네? 이 멍청한 어린 양아. 이건 아주 단순하고 기본적인 진리지만 꼭 짚고 넘어가야 하니 익숙해도 잘 듣도록 해.

동가: 네에….

여신: 네가 현재에 만족하지 않으면 이보다 더 좋은 것은 다가오지 않아. 이건 네 생각, 소망과는 아무 상관 없이 이뤄지는 기본 시스템이라고. 아까 네가 그랬지? 네 자가용이 고급 승용차였다면 저런 불쾌한 일을 겪지 못했을 거

라고.

동가: 하지만 보통은 그렇게 생각하잖아요.

여신: 마찬가지야. 네가 지금 현재 네 차를 싫어하고 부끄러워
하는 만큼 너를 학대하는 거란다. 더욱이 이런 경우 현
실은 절대로 바뀌지 않아. '지금 이 순간을 밀어내는 자
는 어디에도 갈 수 없다'는 걸 명심해. 인식을 전환하는
순간 기적이 일어날 거야.

동가: 쩝, 그 전환이 어렵더라고요.

여신: 어렵다고? 그건 곧 '문제'네. 문제가 생기면 어떻게 하라
고 내가 알려 줬잖아. 잊었어?

동가: 놓으라고….

여신: 그래, 놓는 거야. 놓는 순간 어떤 생각, 감정, 상황에 대
한 반감이 사라지지. 그 반감이 너를 그 고통받는 상황
에 묶고 있던 유일한 굴레야. 그리고 그게 해방된다면
곧….

동가: 더 나은 상황으로 바뀐다? 이런! 단순한 시스템이었는
데 바보같이!

여신: 그러니 어째서 네 인생에서 가장 바뀌어야 한다고 생각
했던 것들이 그대로인지 이제 알겠지?

<u>그때, 칸막이 너머에서 동가에게 불쑥 한 장의 서류가 내밀어</u>
<u>졌다. 그는 동가의 상사인 팀장이었다.</u>

팀장: 동 과장, 이 반차 서류 봤는데 사유가 명확하지가 않아. 이거 꼭 써야 하나? 오늘 오후에 업체 미팅도 있는데.

동가: 아뇨. 죄송합니다. 제가 서류를 잘못 올렸습니다. 저 오늘 오후에도 열심히 근무할 겁니다. 팀장님, 제가 부디 열심히 일할 수 있도록 그 서류는 곱게 파기하겠습니다.

팀장: 어엉? 근데, 참. 아까 사무실에서 어떤 미친 사람이 임대업자 어쩌고 소리치던데 자네도 들었나?

동가: 제 휴대폰 벨 소리입니다. 유명 드라마 명대사에요. 신경 쓰지 마세요. 바꾸겠습니다.

팀장: (동가를 기묘한 눈길로 바라보며) 오늘따라 묘하게 적극적인데? 흠, 아무튼 고생해 주게.

동가: 넵! 감사합니다!

여신: '그렇게 조금씩 자각하는 거야. 잘하고 있어.'

동가: 어쩐지 평소랑은 다른 짓거리를 해 버렸지만, 의욕이 샘솟네. 저, 여신님. 나머지 교육은 이따가 들어도 될까요? 어차피 혼자라서 퇴근하고 할 것도 없거든요.

여신: 으이구, 이 자책성인아!

제5장
당신은 문제가 아니에요

동가: 흐어어엉.

여신: 왜 그래? 남들은 10시, 11시까지 야근하느라 바쁜데 그 와중에 얌전히 칼퇴근해서 멍하니 앉아있던 주제에!

동가: 어차피 내 인생은 문제투성이라고요. 내가 지금 기분이 우울한데 좀 울면 어떠냐고요. 아인슈타인이 환생해서 돌아와도 풀지 못해. 아아, 호킹 박사님은 왜 벌써 가셨나요? 왜 제 곁에는 그녀가 없나요?

여신: 그것도 틀렸어. 오늘 너 계속 헛다리구나? 전제를 바꿔야 인생이 순하게 흐르기 시작한단다, 얘야.

동가는 눈물을 훔치고 그녀를 무심하게 바라보았다.

동가: 전제는, 훌쩍, 아까 바꾸라는 대로 바꿨어요. 이제 제 직장도 좋아하기로 했고, 차에 대해서도 악감정을 없앴어요. 하지만 그녀에 대해서는 어떻게 해야 할지 영 모르겠는걸요. 보고 싶어요! 속상해요! 으어엉.

여신: 내 말을 들을 기분이 되면 말해. 이거 뭐, 귓구멍이 열

려 있어야 들리지.

동가: 열려 있어요! 그러니 뭐라도 떠들어 주세요! 흐어어엉.

여신: 으이구, 이걸 확 그냥! (주먹을 움켜쥐었다가 풀며) 오늘은 좀 처량하니까 봐줄게. 그럼 자, 듣기만 해. 당신도! 동가가 집중력이 없는 만큼 당신이 집중해 줘야 내가 더 열심히 가르칠 수 있지 않겠어?

　　너희가 새롭게 정착시켜야 할 전제, 그 두 번째는 이거야, '문제는 내가 아니다'. 자, 동가 따라 해! 당신도!

동가: 문제는, 훌쩍… 내가 아니다….

여신: 너희가 만약 '놓기'에 능숙해졌다면 어느 순간 자신과 자신 안의 어떤 것이 분리되었다는 걸 느낄 수 있어. 소위 '문제'라고 말했던 것들 말이야. 동가, 문제가 뭐라고 했지?

동가: 부정적인 감정들이나 상황들요. 고민, 의무, 불안, 두려움….

여신: 그래, 그리고 한 가지 희소식은 너희가 이것을 깨닫는다면 그때부터는 조금 더 수월해진다는 거야. 전제를 정리해서 다시 이야기해 줄게.

　　너희는 그 '문제', 그 '감정'이 아니야. 너희가 단지 그것을 느낄 뿐이니 거기에 자신을 동일시하지 마. 본래의 인간들은 더 고요하고 평화로운 존재니까.

동가: 상황이 그렇지 못한걸요. 그럴 때는 어떻게 해요?

여신: 무슨 상관이야. 단지 네가 거기 있을 뿐인데. 의무도, 슬픔도, 괴로움도 전부 너희들 자신이 인식하여 부여한 것에 불과해. 내가 말했던 첫 번째 전제인, '지금 이 순간을 밀어내는 자는 어디에도 갈 수 없다'와 바로 이 '문제는 내가 아니다'. 이 두 가지를 염두에 두고 시작하는 거야.

그냥 놓아 봐. 놓으면 사실 겉보기엔 별다른 변화가 없어 보이지만 너희의 내면에서는 기적적인 변화가 일어나고 있어. 그것은 '내면의 목소리'를 확인하는 것으로 알 수도 있고 모를 수도 있지.

동가: 전 그런 것에 좀 예민해서….

여신: '이제 슬슬 덤덤해지는 것 같은데 한 대 후려쳐? 저번에 적립한 3대는 언제 패지?' 뭐, 알면 어떻고, 모르면 어때? 중요한 건 네 행복이라니까. 너희는 이해가 없이도 그저 '놓는' 것으로 자신의 행복을 발견할 수 있다는 걸 기억하면 돼.

혹시 동가처럼 예민한 사람들은 내려놓음으로 인하여 내면의 목소리를 듣게 될지도 몰라. 하지만 분명 예전과는 다른 이야기를 하고 있을 거야.

동가: 내면의 목소리는 곧….

여신: 그래, '생각'. 목소리라는 건 그저 때때로 떠오르는 생각을 비유적으로 표현한 거야. 놓으면 전체적인 생각은 물

론 내면의 목소리가 바뀌지.

하지만 지금 당장은 이런저런 것들 유념치 말고, 그저 놓아 봐. 문제가 자신이 아니라는 걸 깨닫고 그것을 놓아 봐. 그 문제가 자신이라고, 자신이 쥐고 있어야만 할 어떤 숙명이라고 고집부리니까 놓지 못했던 거야.

동가: 의무감도요?

여신: 놓아 버려. 그 상황에서 일어나는 일련의 감정들, 감각들도 전부 놓아 버려. 그리고 새로이 눈을 뜨고 다시 보는 거야.

동가: 그러다 사회에서 낙오되면요? 사람은 사람 사이에 있을 때만 사람이라고요.

여신: 동가가 지금 아주 좋은 지적을 했어. 하지만 이렇게 생각하는 건 언때? 돈, 명예, 좋은 직장, 완벽한 연인, 그런 기준은 누가 세운 거지? 사회 보편적인 가치들에 반하라고 말하는 게 아니야. 초점을 명확히 해. 너희는 행복해지려는 거야.

동가: 행복….

여신: 외부의 어떤 것을 손에 넣어 그 욕구가 채워져 일어나는 만족은 찰나야. 이것은 욕구를 추적해 들어가다 보면 누구라도 알 수 있는 진리지. 봐. 그리고 솔직하게 인정해. 욕구와 그 집착을 내려놓는 것이 너희를 자유롭게 할 테니까. 행복을 미루지 마! 지금 이 순간 놓아

버리고 그 해방감과 행복을 느껴보는 거야.

동가: 행복, 내가 초점을 맞춰야 할 것은 단지 행복….

여신: 동가가 지금 열심히 탐구 중인 것 같으니 방해하지 않도록 당신에게만 말해 줄게. 이건 내려놓는 데 도움을 주지만 받아들이기에는 조금 잔인한 사실이지. 자, 당신은 앞으로도 당신이 해야 할 일이면 하게 될 거야. 또한, 겪어야만 하는 일이라면 겪게 될 거고. 알게 될 일은 반드시 알게 될 거야. 이 말이 기분 나쁠 수도, 혹은 반가울 수도 있어. 하지만 현재의 당신은 그 답을 알지 못해. 그러니까 울고, 웃고, 괴로워하고, 때로는 안도하기도 하는 거지.

그러니까 그냥 놓아 버리면 돼. 어려울 것 없어. 이 사실은 잔인한 만큼 당신에게 전적으로 도움 되는 진실이기도 하니까.

동가: 안 들으려고 했는데! 다 들렸다고요! 어쩐지 우울해졌어.

여신: 끙. 그래서 이 우리 동네 우울 대장에게는 나중에 얘기해주려 했건만. 위안을 하나 줄까?

동가: 얼른! 지금 당장요! 저 말라가요. 저 죽어가요!

여신: 저, 정신 차려! 그건 바로 꼭 '기대 없이' 살라는 거야.

너희가 내 이야기를 삶에 적용해 보며 놓기 시작했을 때 기적이 일어날 거야. 어떤 좋은 일들, 순하고 행복한 일들이 너희를 찾아온다고.

동가: 기대가 있고 없고가 무슨 상관이에요?

여신: 흠, 이건 부작용 아닌 부작용인데, 그런 경우를 겪다 보면…. 혹은 마음이 미래로 달려나가는 게 습관처럼 되어 버린 사람들은 기대를 해버리기 마련이지. 하지만 기대 또한 집착이야. 초연함이 중요해. 기대감이 없어야 더욱 잘 이루어지거든.

동가: 어떻게 기대감을 없앨 수 있어요? 결과가 행복할 거라 확신하는 것도 잘못이에요?

여신: 확신한다고? 그렇다면 그건 반드시 이뤄질 거야. 하지만 대부분은 기대와 함께 '혹시 잘못되는 게 아닐까?'를 떠올리거든. 그게 확신이니?

동가: 사람은 그렇게 나약….

여신: 나약해. 너를 나약함의 평균에 둘 만큼 인간들은 나약해.

동가: 그럼 뭐 어쩌라는 말이에요! 좋은 일도 기대 말라. 나쁜 일은 놓아 버려라! 도대체 어떻게 해야 하냐고요.

여신: 왜, 알려줬잖아. 놓으세요!

동가: 나쁜 일이요?

여신: 놓으세요!

동가: 좋은 일도요? 그 기대까지도요?

여신: 놓으세요!

동가: 전부?

여신: 전부.

<u>여신은 깊은숨을 들이마시고 폭풍처럼 말을 뿜어내기 시작했다.</u>

여신: 기대감 놓아 버려. 결과를 생각하는 마음 놓아 버려. 부
정적인 것을 놓아 버리듯이 긍정적인 것도 놓아 버려.
그것을 어떻게 하냐고 묻는 그 의문도 놓아 버려. 그거
면 충분해. 아니, 충분하다고 생각하는 것도 놓아 버려.
그러면, 당신은 무한한 자유와 행복 속에 있게 돼.

놓으세요! 놓아 버리세요.

당신이 부여한 것은 당신만이 놓을 수 있어. 자신의 밖에
있는 그 어떤 것들도 당신이 쥔 것을 놓게 할 수는 없다
고. 내가 이런 말 하기도 우습지만 말이야, 구원의 밧줄
은 밖에 있지 않아.

<u>여신의 이야기가 끝난 후 동가는 어쩐지 맥이 빠져 침대에 앉</u>
<u>았다. 멍하니 있으니 또 습관적으로 그녀를 떠올리고 말았다.</u>
<u>보고 싶고 우울했다. 자신은 어째서 이런 문제 속에 있을까, 어</u>
<u>떻게 하면 이 문제를 해결할 수 있을까 고민했다. 슬픔은 더욱</u>

깊어졌다.

동가: 아냐. 이러지 말자. 현재 있는 그대로를 받아들이자. 그
　　　리고 이 순간 문제라고 생각되는 것들에서 한 발짝 물러
　　　서 보는 거야.

동가는 자신을 절망적으로 얽매던 감정들에서 빠져나와 그것을
가만히 바라보았다. 어째서, 무엇이 이 상황을 만들었고 그것이 누
구의 책임이었는지.
　난생처음으로 자신의 책임을 자각하는 순간이었다. 덕분에 그는
자신을 계속 돌아볼 수 있었다. 그녀에게 무슨 짓을 했고, 무슨 잘
못을 했는지. 눈을 감고 앉아있는 동안 솔직한 생각들이 가감 없
이 떠올라 그를 통과해 지나갔다. 조금씩, 조금씩 동가는 알 수 있
을 것 같았다. 진짜 사랑은 무엇이며, 사람과 사람 사이의 신뢰라
는 건 무엇일까.
　동시에 앞으로 어떻게 하면 보다 '나은 사람'이 될지 생각해 보았
다. 서툰 발걸음이었지만 그것은 분명, 그저 감정에 희생되어 숨죽
여 울던 시절과는 아주 큰 차이를 가진 성장이었다.

제6장

가정해 보세요

동가는 사무실 의자에 난폭하게 앉으며 키보드를 마구 두드렸다. 타다다닥. 소리가 사무실에 울려 퍼졌고 옆자리에 앉아있던 여직원이 '이 예민 보스, 또 시작이구나'라는 표정으로 그를 흘겨보았다.

동가: 저 자식은 왜 이리 말귀를 못 알아먹지?

여신: 무슨 일이야? 너는 불평불만에 아주 도가 텄구나. 옆자리 사람들이 지금 네 눈치를 보잖아. 이 철딱서니 없는 것아! 네 옆에 팀장이 앉아있어도 그렇게 할 거니?

동가: 오늘은 좀 달라요. 저도 억지를 부릴 때와 그렇지 않을 때 정도는 구별하는 센스남입니다.

여신: 한심동 주제에 제법 그럴듯한 소리를 하는구나! 놓아 버리면 되잖아.

동가: 그게 쉽지가 않아요. 매일 마주치는 녀석이니까.

휴, 제 밑에 대리가 있거든요. 업무를 못하는 건 아닌데, 자꾸 헛짓거리해요. 말귀를 못 알아먹는 건 예삿일이고 가끔은 아주 말도 안 되게 업무를 말아먹는 적도 있고. 아오, 생각해보니 미워 죽겠네!

여신: 원래 이렇게 가슴에 화가 많았니? 그런 너에게는 이게 특효약이겠다. 자, 새로운 가르침이야.

동가: 이렇게 느닷없이?

여신: 원래 영감(靈感)과 계시는 때와 장소를 가리지 않는단다. 자, 얼마 전에 전제, 인식의 전환에 관해 얘기했지? 내려놓기를 꾸준히 했다면 제법 결과물을 얻었을 거야. 하지만 때때로 어떤 상황, 어떤 감정에 대해서는 쉽게 내려놓기 힘든 경우도 있었겠지. 그래서 한 가지 도구를 제안할게.

동가: 좋은 건 뭐든지, 얼마든지 알려 주세요.

여신: 다 때가 있고 순서가 있는 법이니라.

동가: 이럴 때만 성스러운 척 이야기하는 것 봐. 폭력의 여신 주제에!

여신: 사랑의 여신! 너희를 있는 그대로 사랑하는, 사랑 그 자체이니라.

동가: (구시렁구시렁)

여신: '앞으로 이놈을 팰 때는 상황 봐주지 말아야겠다.'
흠, 이것은 꼭 필요한 것이 아니고 그저 내려놓음을 위해 사용할 수 있는 추가적인 제안이야. 사람이 살아갈 때 자신을 가장 괴롭히고 수많은 감정과 상황에 몰아넣는 한 가지를 굳이 뽑아보자면.

동가: 돈!

여신: '인간관계'가 되겠지.

동가: 쳇.

여신: 물론 돈도 대단히 사람을 괴롭게 하지만 내 생각은 달라. 늘어지는 서두만큼 그릇된 건 없다고 생각하니, 바로 본론으로 들어갈게. 그 시작은 '가정'이야.

동가: '가정'이요?

여신: 자, 잠시 눈을 감고 상상해 봐. 동가는 지금! 아, 지금 당신은 일단 숙지를 해야 하니 눈을 뜬 채로 적당히 떠올려보도록 하고!

※ 특별 존댓말 버전

당신은 우연한 기회로 크루즈 여행을 하게 되었습니다. 한가로이 날아다니는 갈매기와 넓은 대양, 아름다운 햇살과 행복한 승객들. 그러다 그만! 어이없게도 엔진에 이상이 생겨 무인도에 정박하게 되었습니다. 하지만 그것은 큰 문제가 아니었기에 배는 금방 다시 항해를 시작할 수 있었지요.

동가: 크루즈 역시도 내 꿈이에요.

배가 잘 떠난 건 참 좋은 일인데, 너무나 어이없게도 크루즈는 당신은 태우지 않은 채 떠나버렸습니다! 그리하여 당신은 무려 20년 동안 무인도에 표류하게 되었습니다.

동가: 아니, 그건 그래도 좀….

여신: 비현실적이라고 생각해? 하지만 이건 단지 가정이니까.
현실적이지 않아도 상관없어. 거기 당신도 이렇게 하면
돼. 중요한 건 상황을 가정해보는 거니까.

일단 잠시 그 상황에 들어가 보세요. 그 감정을 기억하세요.
그리고 그것을 그대로 가져와 지금 내 눈앞에서 나를 불쾌하
게 만드는 사람을 바라보세요. 당신은 무인도에서 20년을 보
낸 뒤에 이 사람을, 정말이지 고독의 끝의 끝에 있다가 이 사
람을 처음으로 만난 거예요.

동가: 20년 만에 만난 사람….

여신: 어떤 기분이 들까? 어떤 생각이 먼저 들어? 혹시 그래도
화가 나? 그래도 아직 불쾌하고 막 이 사람의 어딘가가
밉고 그러니?

동가: 으, 심정적으로 복잡해요.

여신: 그건 동가 네가 가정에 몰입하지 않아서 그래. 넌 잠깐
혼자 실습해 봐!
이봐요, 당신! 당신은 제가 무슨 말을 하는지 이제 알 거
야. 내가 제안하는 이 '가정하기'는 당신이 무언가를 내
려놓기 힘들 때, 그것을 손쉽게 할 수 있도록 도와줄 도
구라고. 당신은 항상 내려놓으려고 해야 해. 내려놓는

만큼 가벼워지고 내려놓는 만큼 행복하니까. 세상은 그런 식으로 되어있어.

기대 없이 듣도록 해. 진실로 내려놓은 만큼 좋은 일이 가득할 거야. 하지만 내려놓는 것 자체가 쉽지 않은 경우가 있지. 본인이 그게 싫은데 어떻게 해? 그럴 때는 이 '가정하기'를 사용하면 큰 도움이 될 거야.

동가: 오, 너무 반가운 인류, 사람….

여신: 동가가 지금 몰입 중이니 우리끼리 진도를 나가자. 지금 새로운 제안을 적용하여 앞서 알려준 공식에 한 줄만 추가할게.

'문제'가 떠오른다. → 필요하다면 '가정하기' → '놓기'로 결정

여기서 중요한 건 '필요하다면'에 있어. 굳이 필요 없는 상황에 번거롭게 가정할 필요까지는 없다고. 하지만 '가정하기'는 '놓기'를 손쉽게 만드는 효과 외에도 당신에게 또 다른 깨달음을 줄 수 있지.

이건 조금 더 나아간 이야기니까 벌써 귀담아듣지 않아도 돼. 한 줄로 표현하자면 '세상 모든 일은 나의 마음속에 있다'는 거야. 들어본 적 있지? 진리는 하나고 사실 모든 마음을 다루는 가르침들은 같은 이야기를 자신들

만의 방식으로 전달할 뿐이니까.

각설하고, 때때로 숨 막힐 듯이 누군가가 미울 수는 있어. 자신의 아픔에 대해 자책하고 싶고, 극단적인 선택을 하고 싶을 수도 있지. 하지만 그 모든 게 단지 인식, 내 마음속의 작용이라고 생각하면 다른 가능성이 열릴 거야. 무슨 일이 있어도, 어떤 순간이 와도 포기하지 마. 그리고 놓아 봐. 그저 놓아 버리는 거야.

<u>그때 동가가 가위눌림에서 깨어나듯 눈을 뜨고 자리에서 벌떡 일어났다. 그때 마침 동가의 칸막이 근처를 지나가던 대리와 눈이 마주쳤다.</u>

대리: (약간 한심하게 바라보며) '이 인간은 대낮만 되면 취침하기 바쁘네.'

동가: 으어억, ○○○ 대리야! 보고 싶었어!

대리: (소스라치게 놀라며) 네? 과장님 갑자기 왜 그러세요.

동가: 아, 아니. 그 흠흠, 내가 늘 까다롭게 굴어서 나에 대한 감정이 안 좋지?

대리: 휴, 아니에요. 저야말로 과장님 마음에 들고 싶은데 자꾸 실수 연발에 요즘은 의욕도 떨어지고 해서 걱정이 태산입니다.

동가: 내가 미안해. 내가 더 너그럽게 대하고 업무 지시도 세

심하게 해 줬어야 했는데.

대리: 아뇨, 제가 죄송합니다.

동가: 미안.

대리: 제가 더 미안.

여신: 우왕, 굳…. '어머, 내가 왜 이러지?'

동가: 크큭.

대리: 풋, 우리 좀 우습네요.

동가: 그러게. 앞으로 서로 인상 찌푸리는 일 없이 이렇게 웃
으면서 업무하자고. 실수 좀 하면 어때.

대리: 과장님도 좀 까다로우면 어때요. 제가 잘만하면 이렇게
너그러운 분일 텐데.

동가: 늘 고마워, 앞으로도 잘 부탁해.

대리: 저도 잘 부탁합니다.

두 사람은 눈인사하여 서로를 존중해 주었다. 동가의 마음속
에서 인간관계에 대한 새로운 인식이 싹트기 시작했다.

제7장

풍요는 이미 준비되어 있어요

동가는 양반다리를 하고 앉아 이번 달 카드 명세서와 통장 잔액을 바라보고 있었다. 적자는 아니었지만 아무리 봐도 플러스, 마이너스 제로의 금액이었다. 융통할 수 있는 자금이 더 많았다면 재테크도 해보고 이런저런 것도 벌여 볼 텐데, 한숨만 나오는 상황이었다.

동가: 에휴, 고민이에요.

여신: 또 뭔가?

동가: 경제 수준이 고만고만한 게.

여신: 고만고만하다는 정의가 뭔데?

동가: 남는 게 없어요. 이건 무슨 사이버 머니도 아니고, 그저 통장을 스쳤다가 사라질 뿐이라고요. 절반, 아니 20% 정도라도 남았다면 그걸 차곡차곡 모아 부자 인생을 위해 애써볼 텐데.

여신: 난 또 뭐라고. 난 오늘은 휴무니까 방해 마. 이따 저녁 먹을 때 깨워.

여신이 침대 위로 올라가 숙면에 들어가려는 찰나, 동가가 그녀를 흔들어 깨웠다.

동가: 우리 집에서 숙식을 해결하는 주제에! 여신님 밥값만 절
　　약해도 그만큼의 돈은 남는다고요! 이왕 해결해 줄 거
　　돈, 금전 문제도 좀 해결해 주세요, 네에?

여신: 내가 그동안 알려준 대로 하면 만사가 무탈하단다.

동가: 그게 무슨 무책임한 소리에요? 왜 인간관계를 해결해
　　줄 때처럼 돈 문제는 해결해 주지 못하는 거죠? 캬, 이
　　것 보게! 사실 돈은 여신도 어쩔 수 없는 부분이라 인정
　　하는 거죠? 여신이라면 응당 책임을 져 주시죠! 네?

휘익! 바람을 가르는 소리와 함께 새하얀 무언가가 동가의 정
수리 높이까지 올라왔다. 그것이 최고점을 찍었을 때 돌연 방
향을 틀어 조금 아래에 있던 동가의 관자놀이를 향해 다가왔
다! 뻑!

동가: 브, 브라질리언 킥(Brazilian kick)…. 폭력의 여신이 아니
　　라 이종격투기의 여신이었던가.

여신: 사랑은 그 모든 것을 포용하니까. 나는 만능이고 무한
　　이야. 무슨 일이든 할 수 있지.

동가: 사, 살인도….

동가는 다리가 휘청거려 바닥에 쓰러졌다. 그러나 어찌 된 영문인지 기절할 수는 없었다.

동가: 으악, 진짜 죽을 만큼 아파! 근데 왜 기절하지도 못하지? 당신, 당신이지?! 당신이 날 이렇게 만든 거야.

여신: 앞으로 깝죽댈 때마다 기절하지 않을 만큼만 때릴 거야. 네가 쓰러지면 진도에 차질이 있다는 기도가 접수돼서 어쩔 수 없어.

동가: 큭, 제길!

여신: 제길? 안 그래도 지금 풍요에 대해서 말해 줄까 했는데. 힘 조절 다시 해서 후려 차 줄까? 진도고 뭐고 그냥 누워있을래? 다음 장에서 만날까?

동가: 죄송합니다! 자, 잠시만.

동가는 여신에게 양해를 구하고 얼른 목욕탕으로 가 몸을 깨끗이 씻었다. 동가가 돌아온 것은 손수 커피콩을 갈아 드립 커피 두 잔을 준비한 다음이었다.

여신: 이건 뭐야? 웬 호들갑? 뇌물?

동가: 하핫. 소중한 정보에는 응당한 대가를 드려야지요.

여신: (한심하다는 눈으로) 넌 이래서 안 되는 거야.

동가: …네?

여신: 어째서 커피를 준비해 왔지? 목욕한 이유는 뭐야?

동가: 중요한 고급 정보를 들을 수 있기 때문이죠.

여신: 내가 무슨 이야기를 하려고 했는데?

동가: 풍요, 금전적인 부분에 대한 이야기라면서요. 누구를 바보로 압니까?

여신: 바보 맞아. 아직도 눈치채지 못한 넌 바보야. 100% 바보, 완전 바보, 절대 바보. 이번 장에서는 줄여서 '절바'라고 부를게. 야! 이 절바야.

동가: *끄응…*.

순간 전처럼 순백의 빛이 여신을 감쌌다. 동가는 그때의 여교사를 기대하며 심장이 두근거리는 것을 느꼈다. 하지만 빛이 사라진 후에 나타난 것은 하얀 날개를 가진 미모의…

동가: 거지!?

여신: 자, 어때? 뭔가 좀 알겠어?

동가: 전혀! 모르겠어요! 아무리 그래도 돈에 대한 수업인데 허름한 복장으로 강의하는 건 반칙 아닌가요?

여신: 하아….

동가: 한숨은 제가 쉬고 싶은 심정이에요. 잠시 두근거렸던 내 풋풋한 기대를 저버리는 것도 모자라!

여신: 동가야.

동가는 여신의 목소리가 평소와 다름을 느끼고 급하게 마음을 추슬렀다. 그리고 조심스럽게 대답했다.

동가: 네. 여신님….

여신: 왜 이리 집착하느냐, 애야. 네가 돈에 대해 집착할수록 그것은 멀어지는 법이란다.

동가: 그다지 집착한 게 아닌데요. 저는 예전보다 많이 놓았다고요. 지금 아주 가벼워요. 옛날보다 돈 타령도 훨씬 덜한단 말이에요.

여신: 내가 허름한 차림이면 어떻고 네가 목욕재계를 안 하면 어때. 어째서 돈에 대해 그렇게 신경을 쓰니? 그리고 아까 통장과 명세서를 보면서 한숨 푹푹 쉬던 모습이 과연 초연한 사람의 자세야?

동가: 아….

여신: 동가야. 너 자신도 모르게 하는 행동이 네가 하는 수백 가지 말보다 더 큰 이야기를 해 준단다. 네 인식은 여전히 그대로야. 조금 더 내려놓아야겠구나.

동가: (고개를 푹 숙인 채로) 죄송해요.

여신: 죄송할 이유는 없어. 사실 잘못된 건 그 어디에도 없단다. 내 제안을 따라서 나아가다 보면 자연스럽게 알 수 있을 거야. 그리고 또한, 그래도 괜찮아. 나는 있는 그대로의 너를 아주 많이 사랑한단다.

당신도 마찬가지야. 나는 당신을 아주 많이 사랑한단다. 있는 그대로의 당신을. 만약 당신도 동가처럼 아직 집착과 미련이 많이 남아 있다면 조금 천천히 나아가길 바랄게. 이 이야기는 집착과 미련에 눈멀어있는 상태에서는 온전히 받아들이기 힘든 부분이기도 하니까.

동가: 아직 어지럽고 잘은 모르겠지만, 제가 하는 무의식적인 행동이 결국 나 자신의 마음을 비추는 거울이었다는 거잖아요. 저도 듣고 싶은데 괜찮죠? 집착 없이, 내려놓은 상태로 들을게요. 최대한 신경 쓰지 않으려고 해 볼게요.

<u>여신은 더없이 온화하게 웃으며 동가를 바라보고 고개를 끄덕여 주었다. 동가는 그제야 자신이 무엇을 쥐고 있고 놓아 버리지 못했는지를 어렴풋이 자각할 수 있었다.</u>

여신: 놓아 버리는 일에 한계는 없어. 이 진리를 어떻게 응용하든 그건 너희의 자유니까. 미리 얘기하지만 내려놓는다는 그 행위 자체에 마법이 있는 게 아니야. 너희가 그러한 마음가짐, 의도를 가져야 한다고 말하는 것뿐이야. 아직 감이 안 잡힌 사람들은 틈날 때마다 이 부분을 생각해 보도록 해. 지식으로 이해했다고 해서 끝이 아니야. 이건 깨닫고 느껴야 해. 물론 이건 누구나 할 수 있는 일일뿐더러 어렵지도 않지.

동가: 저는 지식으로만 알았던 거군요. 어느 정도 수준이 돼야 완전할까요?

여신: 자신이 앎의 어느 단계인지는 누구에게도 물어볼 필요 없어. 누구보다 그 자신이 제일 잘 알 테니까. 헤매고 있다면 아직 모르는 거야. 완벽한 앎은 분명한 모습으로 다가온단다. 잠깐.

여신이 허공을 향해 손을 흔들자 동가의 방 벽면에 유화 한 폭이 모습을 드러냈다.

동가: 앗, 저것은?! 무척이나 아름답네요.

여신: 기분이 어때?

동가: 감동적이야. 가슴이 저절로 편안해지는 것 같아요. 평화로워요.

여신: 왜 그런 평화롭고 너그러운 마음이 너를 기분 좋게 하는 줄 아니?

동가: 그야 명화를 감상했기 때문이죠. 위대한 예술가의 역작은 시대를 넘나들며 사람들에게 감동을… 혹시 이 그림 저에게 주시는 건가요?

여신: 아니, 반납해야 해. 박물관에서 잠깐 슬쩍해온 거니까.

동가: (버럭) 이런 절도의 여신 같으니라고! 얼른 반납해요. 에이, 감동은 역시 한순간일 뿐인가. 잠시나마 행복하게

해 줘서 고마워. 싸랑했다!

여신은 그림을 돌려보내며 그런 동가를 안쓰러운 눈길로 바라보았다.

여신: 동가야. 방금 네가 느꼈던 그 감정, 평온함이 아직 남아
　　　있니?

동가: 그럼요. 그림을 막 보고 있을 때보다는 많이 식었지만
　　　그래도 워낙 강렬했으니까요.

여신: 내가 어째서 그것이 너를 기분 좋게 해 주는지 물어봤
　　　지? 그 이유는 말이야. 그런 감정, 그런 상태가 원래 너
　　　의 본 모습이기 때문이란다. 기쁨, 더할 나위 없는 평온,
　　　행복, 평화, 너그러움. 이런 것들 말이야.

동가: (떨떠름한 얼굴로) 금시초문인 이야기인데요?

여신: 에잇! 이해할 수 있을 때까지 알려 줄 테니 걱정하지 마.
　　　자. 일단 좋은 소식을 하나 알려 줄게. 내가 반복해서
　　　말하지만 이건 쉬워. 게다가 이것이 그렇게 쉽고 간단
　　　한 이유 중의 하나는 바로 그런 삶이 원래 너희에게 약
　　　속된 삶이기 때문이지. 그런 '있는 그대로의 삶', '내려놓
　　　은 삶'이 원래 너희에게 주어진 것이기 때문이야. 늘 그
　　　런 기분으로 산다는 건 어떨까? 어떻게 하면 그런 상태
　　　를 유지할 수 있지? 사실 풍요, 금전에 대한 것도 그저

이 이야기의 연장일 뿐이야.

동가: 설마, 여신님은 같은 이야기를 하고 있을 뿐이라는 건가
　　　요?

여신: 언제든지 늘! 나의 이야기는 같아. 그리고 모든 마음, 성
　　　공, 풍요에 관한 가르침 역시 다른 게 아니야. 모두 같은
　　　이야기를 하고 있지. 진리는 하나고 그것을 어떻게 해석
　　　하여 알려 주느냐에 달린 것이니까.

　　　사람들은 누구나가 각자의 재능과 각자의 풍요를 갖고
　　　태어났어. 그것은 지금 너희가 예측하기는 불가능한 곳
　　　에 있어 짐작할 수 없는 것뿐이야. 딱 잘라 말하자면 죽
　　　었다 깨어나도 머리로는 알 수가 없어. 단지 있는 그대
　　　로, 그저 순한 삶을 지향하다 보면 깨닫게 되는 거야.
　　　기대도, 집착도 그냥 놓으면 돼.

동가: 그건 아주 자연스럽기 때문인가요?

여신: 강물이 흐르고, 식물에서 씨앗에서 자라나고, 하늘의
　　　별자리가 움직이는 것보다 더. 그것은 무척 자연스럽게
　　　진행되었기에 돌이켜 본 다음에야 '이게 그랬구나!' 싶을
　　　만큼 조용히 알게 되기에 당시에는 모를 수도 있어.

　　　하지만 그래도 이거 하나만은 기억해. 풍요는 멀리 있지
　　　않아. 너희가 전적으로 믿고 선택해 주기를 바라는 풍요
　　　가 너희를 기다리고 있어. 내가 뭐가 필요하다고 했지?

동가: 인식의 전환이요.

여신: 맞아. 인식의 전환이 필요해. 너희는 자신을 억압하고 집착했던 만큼 또 다른 선택을 얼마든지 할 수 있지. 쥐고 있는 것이 풍요라고, 이것이 풍요에 이르는 길이라고 판단했던 것을 내려놓는 순간 그것은 온전한 제 자리를 찾아갈 거야. 너희에게 꼭 맞는 일, 전적으로 풍요롭게 해줄 일이 너희가 바라봐 주기만을 기다리고 있어. 너희는 그저 알아차리기만 하면 되는 거야. 알겠니?

제8장
당신의 천직에 다가가세요

동가가 노트북 앞에 앉아서 열심히 키보드를 두드리고 있었다. 여신이 슬그머니 다가가 확인해 보니, 평소처럼 인터넷 쇼핑몰에 접속하거나 연예기사를 훑어보는 것도 아니었다.

여신: 너 뭐 하니? 오늘은 웬일로 심각하게 타이핑을 하고 있어? 댓글을 다는 것도 아니고…. 뭐야, 일기? 너 일기 쓰는 거야?

동가: 아, 아니에요. 아이, 참! 오늘은 알려달라고 보채지 않을 테니까 잠깐 이른 잠이라도 주무세요.

여신: 그렇게 노골적으로 신경을 꺼 달라고 하면 할수록 더 관심이 가는 건 모든 존재의 공통된 경향이란다. 얼른 바른대로 말해! 이 절바야.

동가: 절바는 저번 강의 한정이었잖아요?! 제가 여전히 절대라는 수식어가 붙을 만큼 바보인가요?

여신: (잠시 고민한 후에) 뭐, 절바는 졸업했어. 그냥 저번 기회에 많이 못 불러본 것 같아 한번 시도해 봤을 뿐이야. 에잇! 그보다 뭐냐고, 뭐야?

그때 여신은 동가가 말을 돌리며 슬쩍 노트북을 감추려는 걸 눈치챘다. 동가가 쥐도 새도 모르게 화면을 덮기 전 여신의 저지로 인해 화면상의 내용은 여지없이 공개되고 말았다.

여신: 응?

동가: 보셨군요.

여신: 이건 글이잖아? 너 글 쓰고 있어? 네 업무에서 컴퓨터라고는 이메일과 견적서, 엑셀뿐이잖아.

동가: 아니에요. 이건 제가 그냥 개인적으로 쓰는 거라고요. 아아, 완성되기 전까지는 누구에게도 보여 주고 싶지 않았는데!

여신: 날 뭐로 보는 거야? 너 내가 요즘 옆에 있어 준다고 그저 예쁜 동네 누나로 착각하는 건 아니지?

동가: 여신님이잖아요. 이제 믿는다고요. 여신님 가르침 덕분에 제 처참했던 심정도, 현실도 점차 나아지는 걸 경험하고 있고요.

여신: 그런데 뭐가 걱정이야. 아까부터 계속 '아, 어떡한다. 이게 맞는 건가?' 같은 표정을 하고 있었으면서!

동가: 힝.

동가는 눈물이 그렁그렁한 얼굴로 여신을 향해 그간 참았던 S.O.S를 보냈다!

동가: 도와 주세요! 오, 나의 여신님!

여신: '이젠 제법 귀여운 짓거리를 하잖아?' 흠흠, 스톱! 거기까지! 어휴, 이젠 노골적으로 구원 요청을 하는구나.

동가: 저번에 여신님이 해 주셨던 말씀을 계속 생각해 봤어요. 돈과 저의 직업에 대해 집착이 솟아오르면 놓아 버리고, 잡념이 떠오르면 놓아 버리면서요. 그러다 불쑥 어려서부터 제가 꿈꿔왔던 일에 대한 생각이 미치더라고요.

여신: 그게 무슨 일인데?

동가: 사실 이야기가 좀 길어요. 어떻게 보면 이게 내 꿈이 맞는 건가 하는 고민도 들고요. 내 거인 듯 내 거 아닌 내 거 같은 그런….

여신: 썸타는 소리하지 말고 속 시원하게 좀 말해봐!

동가는 잠시 머뭇거렸지만, 이내 결심했다는 듯이 자신의 속내를 여신에게 털어놓았다.

동가: 제가 중학생 시절에 저에게 문학을 가르쳐 주던 선생님이 계셨어요.

여신: 으흠?

동가: 학교 수업에 관한 것뿐만 아니라 소설이나, 수필 같은 것들에 대해서도 많이 배웠고 그분께 많은 영향을 받았

어요. 그때는 그저 어렴풋했을 뿐인데.

여신: 뿐인데?

동가: 고등학교에 올라가서 제가 아주 감명 깊게 읽었던 책에
서 여주인공이 작가 지망생으로 나와요. 전 그것을 보면
서 그녀를 동경했죠. '나도 저렇게 살고 싶다!' '나도 글
을 써서 사람들을 행복하게 해 주고 싶다!' '감동을 주고
싶다!'라고요.

**<u>여신은 고개를 끄덕거리더니 상냥한 눈길로 동가를 바라보았
다.</u>**

여신: 그 생각이 떠올랐을 때 어떤 느낌이었니?

동가: (해맑게 웃으며) 두근거리고 즐거웠어요. '이거라면 난 아무
래도 좋아.'라고나 할까요?

여신: 그런데 뭐가 고민이지? 그 하고 싶은 일을 하면 되잖아.

동가: 그게 말이죠. 그 직업에 대해서 어려서부터 많은 잔소
리를 들었거든요. 배곯는다. 가족들 못 먹여 살린다, 같
은 말이요.

여신: 흐흠, 그랬구나. 그게 뭐가 고민이지?

동가: 작가는 가난하다는 이미지도 너무 강하다고요! 미디어
에서도 자주 그런 모습이 보이죠. 아주 최상위의 사람
들만 부를 누리고 나머지는 제대로 입에 풀칠도 못 하

는….

여신의 눈빛에 기묘함이 떠오르는 걸 보고 동가는 기겁하며 말했다.

동가: 그, 그래도 이런 걸 놓으면 되는 거죠. 하지만! 그래도 이게 나에게 온 것인지 아니면 이것조차 그냥 지나갈 뿐 인지 확신이 안 서는 걸요.

여신: 그걸 네가 구별할 필요는 없단다.

동가: 구별할 필요조차 없다고요? 그러면 어떻게 알죠? 전 그 저 누군가의 가르침을 받고 글쓰기에 관심을 가진 거고, 우연히 읽은 책의 여주인공을 보고 그걸 동경했을 뿐인 데요? 이것도 그냥 지나갈 뿐인 생각이라면 어떡하죠? '내 거'가 아니라 그냥 '네 거'였는데 제가 '내 거'라고 착 각한 거면 어떡하냐고요!

여신: 알 필요가 없다는 건 나에게 이것을 질문할 필요도 없 다는 것이란다. 그런 사건들이 너를 옳은 길로 향하게 하는지 아니면 또 다른 굴레로 몰아가는지는 아무래 도 상관없어. 내려놓으면 되잖니. 놓는 순간 너는 순하 고 긍정적이고 꼭 맞는 길로 인도된다는 걸 아직 모르 겠단 말이야?

동가: 끄응, 고민되니까요.

여신: 그 고민조차도 놓아 버려. 온전한 너로, 집착이나 고민, 걱정으로부터 자유로운 너로 있으렴. 전부 네가 선택할 수 있는 거야. 자유롭게 있을 것인가, 아니면 다시 얽매일 것인가. 애초에 너는 어째서 '부'를 누리고 싶은 거지?

동가: 부는 좋은 것이니까요. 돈이 많으면 힘이 있잖아요. 사람들 앞에서도 당당할 수 있고, 맛있는 것, 비싼 것도 늘 호화롭게 누릴 수 있잖아요.

여신: 그리고 그녀가 널 다시 돌아봐 줄지도 모르고?

동가: 허걱?!

여신: 나는 여신이란다. 나에게서 무엇을 숨기고 감출 수 있겠니?

동가: 그런 생각이 아예 없진 않지만…. 전 지금 진지하다고요. 애초에 그녀는 돈과는 상관없어요!

여신: (째릿!) 그것마저도 놓아 버렸니?

동가: 할게요. 하면 되잖아요. (구시렁구시렁)

여신은 고개를 절레절레 흔들며 동가가 방 한쪽 구석으로 가는 것을 보았다.

여신: (정면을 향하며) 당신도 나의 가르침을 계속해서 따라왔다면 그래도 예전보다는 아주 너그러워지고 여유가 생겼을 거야. 이쯤 되면 자연스럽게 '이런 고민'을 하겠지. 만

약 그렇지 못한 사람은 단지 예고편이라고 생각하고 들어 줘.

때때로 어떤 상황이 자꾸 당신을 고민하게 만드는 건 '기회'이기도 해. 그 순간이 어떻든, 당신의 상황이 얼마나 절실한지와는 상관없어. 비 온 뒤에 땅 굳는다고들 하지? 이것을 내 가르침대로 바꾸면 이래. 비 오는 건 땅이 굳을 기회다. 말장난 같겠지만 분명한 건 성장의 기회라는 거야.

내려놓은 만큼 당신은 가벼워져. 당신을 붙잡고 있는 그것을 놓는 만큼 당신은 자유로워지니까. 자유는 곧 행복, 행복은 곧 당신을 더 너그럽고 온전한 자신으로 만들어줄 거야. 본래 자신과 꼭 맞는 순한 삶은 당신이 생각하는 것보다 더 기쁘고 참된 거니까.

동가의 경우 현재 직업에 대한 감정들을 많이 내려놓은 이유로 본래 자신과 적성에 맞는 일로 끌려가고 있어. 하지만 아직 확신이 서지 않은 상태라 계속 고민하는 거지. 그 고민마저도 놓아 버리면 자신도 모르게 '꼭 맞는 일(天職, 천직)'을 향해 나아가게 될 테고.

여신이 손뼉을 치자 허공에 두 가지의 예시가 떠올랐다.

자신이 억지로 뒤집어씌운 일: 부를 누릴 수 있는 여부와는
관계없이 불행함을 느낀다.
허전하다. 우울하다. 말썽이
빈번하다.

자신에게 꼭 맞는 일: 비록 막대한 풍요는 아닐지언정, 자신
이 누려야 마땅할 풍요를 부족하지 않
게 얻는다. 보람차다. 행복하다. 다른
사람에게 도움이 된다.

여신: 당신은 무엇이 더 좋아 보일까? 혹시 그럴 수 있다면, 부
디 미련, 집착을 모두 내려놓고 온전한 자신을 알아차릴
수 있겠니?
혹시 아무런 감이 안 잡히는 사람들은 저런 동가마저도
부러울 수도 있어. 하지만 내려놓고 내려놓는 무수한 작
업을 통해 누구라도 그렇게 될 수 있단다.
풍요에 대해서 말했던 것처럼 만약 어떤 것이 떠올랐을
때 그것이 지금 당신의 상황과 적절하지 않다고 생각이
들어도 그저 인식을 변화시키는 게 필요해. 놓는 거야.
사람은 머리로는 정확한 판단을 할 수 없어. 그저 순
한 삶, 내맡기는 삶을 지향하며 깨달을 수밖에 없는 거
야. 당신에게 꼭 맞는 일, 전적으로 풍요롭게 해줄 일은

분명히 있어. 그것도 당신이 바라봐주기만 고대하며 안

달 나 있다고. 그러니까 당신은 그저 알아차리기만 하면

돼. 그러면 아주 자연스럽게 제 자리를 찾아갈 테니까.

동가: 저, 근데.

여신: (갑작스러운 등장에 깜짝 놀라며) 뭐, 뭐야? 다 내려놨어?

동가: 지금 직업은 그래도 풀칠은 할 만한데, 괜한 일에 도전

했다가 아예 굶게 되면 어쩌죠?

여신: 으응, 알겠어. 그러니까 잔말 말고 가서 내려놓기 500회

실시해!

동가: 네?! 이게 무슨 얼차려도 아니고!

여신: (버럭) 얼른! 넌 한참 더 내려놔야 해!

제9장

더 나은 사람이 될
필요는 없어요

팀장: 결국 그만두는 건가, 자네?

동가: 네. 그동안 감사했습니다.

대리: 과장님. 이제야 좀 서로 마음을 터놓았는데, 이렇게….
흑흑.

동가: 만날 사람은 반드시 만날 테니까 너무 아쉬워 마. 직장
에서 보지 못한다고 해서 영영 남이 되는 건 아니니까.

대리: 과장님. 꼭 성공하세요.

팀장: 그나저나 먹고살 자신은 있고?

동가: 걱정 안 하려고요. 걱정 여부와 관계없이 일어날 일은
일어날 테고, 저는 그냥 저를 행복하게 해 주는 일을 하
려고 합니다.

팀장: 뭐, 내 기준으로는 당장이라도 사표를 취하하고 싶다만
자네가 행복해 보이니 됐네. 그동안 고생 많았어, 동 과
장.

동가: 그동안 부족한 저와 함께 업무 하시느라 대단히 감사했
습니다.

사무실을 빠져나온 동가가 주차장에 서서 물끄러미 회사 건물을 바라보는 동안 여신은 아무 말도 하지 않았다. 그는 마음 한구석에서 올라오는 묘한 감정을 놓아 버리고 자가용에 올랐다.

여신: 고생했어. 여기까지는 일사천리였구나.

동가: 네. 어쩐지 사직서를 제출하는 순간부터 지금까지 모든 게 순식간에 지나간 것 같아요. 중간에 송별회도 있었고 친했던 사람, 신세 진 사람들과 많은 이야기를 나누었는데도요. 솔직히, 사직서를 제출하는 것마저도 제가 한 게 맞나 싶을 정도로 자연스럽게 이루어졌어요. 헉, 설마!

여신: 뭐가 또 설마야?

동가: 여신님이 저를 막 조종하거나 그랬던 것 아니죠? 혹시, 저를 절망으로 몰아넣기 위한 수작?

여신: 잘 가다가 또 시작이구나. 그 폭주하는 버릇을 고치지 않으면 넌 계속해서 삽질만 하게 될 거야.

동가: 그 삽질 끝에 다이아몬드라도 발굴하면 다행 아닌가요?

여신: 아냐. 허공에 삽질하는 거니까 그럴 리 없어.

동가: 그럼 체력단련이라도.

여신: 맷집 단련이겠지. 이리로 와.

여신은 천천히 주먹을 말아쥐며 복싱 자세를 취했다.

동가: 자, 잠깐! 퇴사 기념 면책특권을! 제가 한 게 맞죠. 제가 한 게 아닌 듯하면서도 자연스럽게 이루어진 일. 이게 순하고 온전한 삶! 감을 잡은 김에 농담 한 번 했어요, 으악!

픽!

동가: 왜 때려요?! 힝.

여신: 한 대만 맞아. 요즘 때릴 기회가 줄어서 좀 아쉬웠거든. 흠흠. 버릇 이야기가 나와서 말인데, 동가 너에게는 몇 가지 해로운 습관들이 있지. 혹시 알고 있니?

동가: (볼때기를 매만지며) 끄응, 일단 부정적인 사고로 폭주하는 게 있겠죠. 저도 요즘 저를 많이 돌아봐서 알고 있다고요. 우울해지는 버릇이나, 남을 질투하는 것, 구시렁대는 것, 그리고….

여신: 뭔가가 더 있구나?

동가: 맞아요. 이건 저도 좀 보기 불편한 부분이라 평소에는 생각 안 하려고 하는데, 여신님 앞에서는 어쩔 수 없죠. 저에게는 '더 나은 사람이 되고자 하는 집착'이 있어요.

여신: 이제야 인정하는구나.

동가: 알고 계셨어요?

여신: 알다마다. 날 뭐라고 생각하니?

동가: 타격의 여신…이 아니고 여신님요! 성스럽고 아름다우신 사랑의 여신! 그나저나 알고 계셨다니 충격이네요.

여신: 그래, 그리고 그것이 네 인생 대부분의 원인이기도 했지.

동가: 대부분이라면…

여신: 네가 욕망하는 것, 욕구, 집착, 갈망 말이야. 자, 이번 장의 이야기를 따라오다 보면 감이 잡힐 테니까. 집중하도록!

*

여신: 이제 우리는 조금 더 높은 수준에서 '놓기'를 실행할 거야. 이것은 일종의 심화 과정이지. 직관적으로 표현하자면 이렇게 표현할 수 있겠네. '어차피 자유롭고 행복해지기로 결정했는데, 미리미리 해둘 수는 없는 건가요?'

동가: 미리미리라. 문제가 나타나기 전에 말이죠? 흠, 심정적으로 불편하겠지만 어쨌든 그게 근본적인 해결책이 되겠네요.

여신: 그렇지! 자, 이제 기본 공식으로 다시 돌아가 보자.

'문제'가 떠오른다. → '놓기'로 결정

이것을 이번 장에서는,

'나(자의식)'를 '길게' 떠올려보기 → '놓기'로 결정

이렇게 바꿀 거야. 보기 쉽지? 이것 역시 어렵지 않아. 벌써 감을 잡은 사람들도 있을 테지만 자세하게 설명해 줄게.

동가: 전 전혀 모르겠어요.

여신: (잠시 침묵) 참, 이걸 적용하기 위해서는 일상생활에서 바로바로 적용하는 일반적인 '놓기'보다는 조금 더 고요한 곳에 있을 필요가 있어. 혼자 있는 시간이 필요하겠네.

동가: 얼른 집으로 돌아가야겠네요.

여신: 그냥 운전석에 앉아서 방해받지 않는 것만으로도 충분해! 여러분도 일부러 그런 곳을 찾을 필요는 없어. 조금만 생각해보면 당신도 홀로 있을 만한 장소를 발견할 수 있을 테니.

동가: 가족들과 사는 분들은 혼자 있을 수 있는 방이나, 다른 사람들이 퇴근하고 난 뒤의 조용한 사무실도 괜찮겠네요.

여신: 그래, 맞아. 딱 세 가지 조건만 만족한다면 당신은 얼마든지 이 대대적인 보수작업을 실행할 수 있어.

1. 최소 30분 이상
2. 제법 조용한(큰 소음이 없는 정도)
3. 눈감고 멍하니 앉아있어도 안전한

간단하지? 그리고 이 '나를 내려놓기'를 위한 준비 작업은 이게 다야. 남은 건 그저 '생각'과 '의도'뿐이니까.

동가: 이제 시작하는 건가요? 그럼 저도 얼른 준비할게요.

동가는 운전하여 근교에 있는 공원 주차장으로 이동했다. 한낮이라 그런지 인적도 드물고 가만히 있기에는 안성맞춤이었다.

동가: (조용)

여신: 일단 내 이야기를 들어! 눈 떠! 네가 반응하지 않으면 내가 무슨 재미로 진도를 나가니, 응?

동가: 아악! 귀 잡아당기지 마요! 가뜩이나 큰 귀를!

여신: 이 귀 큰 아이야. 넌 너의 유년시절을 언제부터 기억하고 있니?

동가: 뭐가 이렇게 뜬금없어요? 흠, 글쎄요. 7살? 유치원?

여신: 혹시나 해서 묻는 거지만, 유치원에 가는 것은 네가 희
　　　망한 일이었어?

동가: 아, 그런 게 어딨어요? 꼬맹이는 그냥 어른들이 하라는
　　　대로 하는 거죠. 옷 입는 것, 식습관, 글씨쓰기 등. 어렸
　　　을 때의 저는 말 잘 듣는 아이였다고요. 나이가 먹으면
　　　서 좀 에러가 나긴 했지만. 뭔가 잘못됐나요?

여신: 그래, 대부분 동가와 크게 다르지 않을 거야. 물론 그것
　　　을 잘못이다, 잘못이 아니다를 논하는 건 내가 설령 여
　　　신이라고 할지라도 쉬운 일은 아니야.

동가: 무게 잡지 마세요. 무겁단 말이에요.

여신: 나도 일단 성별은 여성형이거든? 무겁다는 말은 실례야!

동가: 끄응, 그렇다면 무겁단 말 취소! 여신님은 안 무겁습니
　　　다! 오늘 뭐 잘못 먹었어요? 왜 이리 말을 빙빙 돌려서
　　　말씀하시나요. 이러다 아찔해지겠어요.

여신: 휴, 무거운 주제라서 가볍게 풀어보려고 했는데 잘 안되
　　　네. 그냥 까놓고 얘기할게.
　　　대부분 인간은 자의식에 병을 앓고 있어. 그 원인은 바
　　　로 '인정받아야 한다는 강요된 욕구' 때문이지. 어려서부
　　　터 씌워진 명령이나 의무 따위로 인해 자책과 고통이 습
　　　관처럼 달라붙어 있어.
　　　물론 성장함에 따라 그 모든 걸 극복하고 나아간 사람
　　　도 있겠지. 하지만 너희 중 대부분은 그것을 여러 가지

이름으로 간직한 채 어른이 되어 버리고 말았어. 트라우마, 굴레, 아픔, 갈증, 숙명 등, 그것은 정말 너무도 다양한 모습으로 인생 속에 튀어나와 너희를 괴롭히곤 하지.

동가: 그럼 그런 우리를 교육한 어른들이 잘못이군요! 역시 이 나라의 교육은 잘못되었어!

여신: 그건 네 수준에서 잘못이다, 아니다를 논할 수 있는 일은 아니란다, 애야. 억압한 사람들, 억압받은 기억들, 그들 역시 피해자일 뿐이었으니까. 피해자가 피해자를 생성하는 구조, 이 시스템을 이해하겠니?

시시때때로 떠오르는 그 학대의 기억들은 여전히 너희들의 잠재의식 속에 새겨져 있고 그로 인한 문제들은 해답도 모른 채 떠다니고 있는 상태야. 하지만 지금 누군가가 끊지 않으면 안 될 악순환의 고리가 너희 앞에 주어졌어. 너희는 어떻게 하겠어?

동가: 전 아직 모르겠어요. 내가 받았던 건 분명 사랑이었는데, 사랑이 아닐 수도 있다고요?

여신: 사랑이야, 틀림없이. 하지만 조금 잘못된 부분이 있었다는 거야. 게다가 그것을 준 그들 역시 그것을 사랑이라고 생각했을 뿐이고. 그 전대에서 그들이 받은 것 역시 그런 사랑이니까.

동가: 어지러워요. 오늘 회사를 관둔 사람에게는 너무 큰 자

극이군요.

여신: 이해가 될 만큼 다시 읽어보고 생각해 봐. 그 후에 판
　　단하는 거야. 네가 가지고 있는 '더 나은 사람이 되고자
　　하는 집착'이 도대체 어디에서 왔는지.
　　자, 이제 시작할게.

　　※ 특별 존댓말 버전

　　눈을 감으세요. 자신의 과거부터 현재까지 줄곧 이어져 내
려오는 어떠한 욕구를 떠올려 보세요. 그것은 다른 이름으로
는 '해야 할 일' '의무' '자의식' 등 여러 가지 이름으로 불리지
만 그 중 마음에 드는 하나를 선택하세요. 처음부터 무거운 이
름이 아니어도 좋습니다. 단지 지금 당신에게 영향을 미치는
것이라면 어떤 것이라도 좋아요. 더 나은 사람이 되고 싶어 하
는 갈망 등이 그 예죠. 예를 들면 당신은 습관적으로 자신을
채찍질하는 사람일 수도 있습니다. 혹은 남들보다 앞서지 않
으면 못 견딘다거나, 시기하고 질투하는 게 제2의 천성처럼 돼
버렸을 수도 있지요.

　　그래도 마음의 변화에 흔들리지 마세요. 여전히 눈을 감은
채로 호흡을 고르게 하세요. 호흡을 가다듬다 보면 당신은 더
욱 평화로워집니다. 그리고 한편으로는 이런저런 잡념들이 떠
오르기도 하지요. 고요히 자세를 바로잡고 이런저런 잡념들
을 놓아 버리세요. 당신은 그것들이 무의미할 만큼 쉽게 사라

지도록 의도할 수 있습니다. 당신에게는 그런 능력이 있어요.

당신이 선택한 그 '나'를 바라보세요. 명명할 것이 필요하다면 '그것에 속박되어있는 나'라고 하면 좋겠네요. '그 욕구에 얽매인 나' '그것을 갈망하는 나' '그것에 집착하는 나' 전부 좋습니다. 단지 떠올려 보세요. 여유로운 마음으로 관찰하듯이 그저 떠올려 보는 거예요. 어떤 생각이 드세요? 오로지 그 주제에만 집중하고 바라보세요. 어떤 감정과 생각들이 당신을 사로잡을지 모릅니다. 하지만 그것들에 저항하지 말고, 애써 밀어내지 말고 수용해 보세요. 애쓰지 않으면 그것은 저절로 그렇게 됩니다. 충분히, 당신이 충분하다고 자각이 들 만큼 그것을 경험하세요.

마음이 충분히 열렸다면 그것은 당신 안으로 들어옵니다. 수용하는 자세를 유지하고 지켜만 보세요. 고요히 유지한 채로 그저 그것이 자유롭게 오다니기를 허용하세요.

진실을 알려드리겠습니다. 당신은 언제라도 다른 선택을 할 수 있습니다. 당신이 그것을 애써 부여잡고 있지 않는 한 그것은 당신에게 대단한 영향력을 발휘하지 못해요. 오직 당신의 선택이고 당신의 책임입니다. 어떤 의무도, 어느 모습도 당신이 아니면 억지로 그것을 부여하지 못해요. 그렇다면 그것을 해방하는 것 역시 당신이 할 수 있습니다. 선택하세요. 이것을 계속 쥐고 아플지, 아니면 내려놓고 자유로울지. 전적으로 당신의 선택입니다.

마음이 깊어지고 그 욕구를, 갈망을, 있는 그대로 허용하다 보면 어느 순간 그것이 당신에게 해를 끼치지 못한다는 생각이 드는 시점이 있어요. 사람마다 느끼는 게 다르겠지만, 그 순간은 분명히 옵니다. 그것은 직감적으로 알 수 있는 것입니다. 그러면 당신은 깨달을 수 있어요. '이건 사실 아무것도 아니구나.'

그 순간 의도하세요. 늘 그랬던 것처럼 '놓기'만 하면 됩니다. 단지 의도하는 것만으로 그것은 힘을 잃고 사라질 거예요. 바람에 모래가 날아가듯, 빗물에 먼지가 씻겨 나가듯 그것은 자연스럽게 힘을 잃고 사라질 것입니다. 충분하다고 생각이 들면 눈을 뜨고 당신의 시선이 어떻게 바뀌었는지 느껴 보세요.

*

동가가 눈을 뜨니 여신은 조수석에 앉아 가만히 눈을 감고 있었다. 그 표정이 너무도 온화하여 미처 깨울 생각도 하지 못한 채 동가는 자신을 되돌아보았다. 마음이 평온하여 이런저런 생각들이 여과 없이 들어왔다 사라지기를 반복했다.

동가: 인정받으려는 마음이라. 나름대로 똑똑하다고 생각했는데, 나는 무척이나 잘못된 인간이었구나. 그녀를 포함해 나의 인생, 과거를 돌아보니 이제야 알겠다.

동가는 과거의 과오와 잘못들을 떠올렸다. 주로 그의 삶에 나타났던 사람들에 대해서였다. 동가는 조급하고 충동적이었던 자신을 되돌아보고, 그 안에 늘 거짓과 기만이 있었다는 걸 알게 되었다. 참으로 부끄러웠다.

동가: 나는 남들에게 사랑받고 인정받기 위해 끊임없이 남을 속이고, 기만하고 있었던 거구나. 게다가 더 나은 사람이 돼야겠다는 욕구마저도 그저 '더 사랑받고 싶다. 이렇게 하면 남들이 나를 더 사랑해 주겠지.' 그런 집착에서 비롯된 것이었어. 이렇게 한심할 수가. 여신님이 나를 괜히 바보라고 부르는 게 아니었어.

동가는 '그녀'에게 뿐만 아니라 지금껏 계속해서 남에게 피해를 끼쳤으며, 상처를 주는 인간이었다는 사실을 무겁게 자각했다. 동시에 더욱 내려놓아야 할 것이 많음에, 내려놓는 만큼 자유로워질 수 있다는 확신에 기운을 차렸다.

제10장
기꺼이 행동하세요

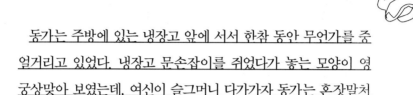

동가는 주방에 있는 냉장고 앞에 서서 한참 동안 무언가를 중얼거리고 있었다. 냉장고 문손잡이를 쥐었다가 놓는 모양이 영 궁상맞아 보였는데, 여신이 슬그머니 다가가자 동가는 혼잣말처럼 질문을 던졌다.

동가: 참고 있는데 참기가 힘들다! 이럴 때는 어떡하죠, 선생님?

여신: 누가 선생님이야!?

동가: 오랜만에 그 선생님 스타일의 여신님을 보고 싶은 소망이랄까, 갈망이랄까…. 헤헷, 혹시 이 소망도 그저 놓는다면 여신님이 그렇게 해 주실까요?

여신: 예전에는 긴가민가했는데, 동가 너, 나의 외모… 복장에 대해서 무척 관심이 많은 것 같다? 혹시 변태는 아니지?

동가: 우울을 달고 살아서 그렇지, 전 정서적으로 건강합니다! (머뭇머뭇하며) 그저 그… 거든요.

여신: 응? 뭐라고?

동가: 다, 닮았거든요.

여신: 누가?

동가: 여신님과 그녀가요.

여신: (멈칫) 너 설마, 나를? 연애의 대상으로?

동가: (손을 마구 저으며) 달라요! 여신님에 대한 건 공경입니다! 애초에 여신님도, 그녀도 무척이나 아름답지만, 실제 생김새는 매우 다르다고요! 그냥 여신님이 인간처럼 차려입고 있을 때는 그녀가 생각나서 좋아요.

여신: 호오, 너 많이 바뀌었구나. 얼마 전까지는 그녀를 생각하기만 해도 우울해했잖아.

동가: 그녀에 대한 감정을 많이 내려놓았어요. 100% 편안해진 건 아니지만 지금은 그녀를 떠올렸을 때 그녀가 주었던 사랑에 그저 감사하고, 뭔가 앞으로 잘될 거란 희망이 솟아나고 있거든요. 게다가 전 그녀에게 일편단심입니다! 요태까지 그래왔고 아패로도….

여신: 그만, 그만! 패러디 금지! 휴우, 그래. 그렇게 확신하니 믿어 줄게. 뭐, 니가 그걸로 위안이 된다면야 못 해줄 것도 없지.

<u>순백의 빛이 여신을 감쌌고, 그곳에는 미모의 여교사가 서 있었다.</u>

여신: 자, 됐니?

동가: 아주, 나이스(Nice)!

동가는 잠시 감동으로 전율하였지만, 서서히 그의 표정이 무너지더니 이내 수심 가득한 얼굴이 되었다.

여신: 뭐가, 또 문제야? 응?

동가: 실은… 저, 술 마시고 싶어요.

여신: 마시면 되잖아!

동가: 그게, 그녀와 약속했거든요. 술도 안 마시고 건강도 잘 챙기겠다고. 비록 떨어져 있더라도 그녀와 한 약속은 지키기로 저 자신과도 약속했고요.

여신: 그럼 안 마시면 되잖아!

동가: 뭐가 그래요?!

여신: 네 마음대로 하는 거야.

동가: (눈을 껌뻑껌뻑) 넹?

여신: 네 마음대로 하는 거라고.

동가: 뭐든요?

여신: 뭐든, 내려놓은 채라면 뭐든 하는 거야. 하고 싶은 일을 하고…. 너 예전에 퇴사할 때 그랬지? 네가 한 게 맞나 싶을 정도로 자연스럽게 이루어졌다고.

동가: 네, 기억나요. 분명 주체는 나인데 모든 게 그냥 톱니바퀴 돌아가듯 자연스럽게 흘러갔죠.

여신: 그게 너의 온전한 모습이자 온전한 행동이야. 정말 내려
　　　놓은 순간에 찾아오는 순한 흐름이지.

동가: 하지만 보통은 그런 경험이 자주 찾아오진 않는다는 것
　　　도 잘 알아요. 그렇게 순탄한 행동의 체험을 겪고 나니,
　　　그 나머지 다른 행동들에 대해 불편한 마음까지 생기던
　　　걸요?

여신: (호기심 가득하게 바라보며) 호오, 어떤 식이었지?

동가: 억지로 하는 느낌, 맞지 않는 옷을 입은 느낌이요. 어딘
　　　가 모르게 불편하고, 아, 이게 아닌데? 왠지 알겠다는 그
　　　런 거요.

여신: 동가야!

동가: (갑작스러운 상황에 멈칫하며) 네? 네에? 왜 그러세요?

여신: 네가 어쩜 이렇게까지 성장했을까. 바로 그거야! 무엇이
　　　옳은지 알고, 무엇이 잘못인지 알게 되었어. 그리고 그
　　　잘못을 고칠 방법도 넌 알고 있지.

동가: 그게 '놓기'죠? 음, 다시 원래 이야기를 하자면, 술을 마
　　　시든, 혼자 방구석에서 브레이크 댄스를 추든 '내려놓은'
　　　상태라면 상관없다 이거죠?

여신: '이 녀석 혼자 해탈할 뻔한 게 우연이 아니었구나.' 그렇지!

동가: 그래두요. 한편으로는 걱정돼요. 물론 저는 그러지 않겠
　　　지만 그렇게 마음대로 하다 보면 범죄라든지 이것저것
　　　사회적으로 문제가 생기지 않을까요?

여신: (침묵)

동가: 네? 여신님?

여신: '맞아. 그러다 중간에 미끄러졌지. 어휴, 아직 가르칠 게 많구나.' 자, 진실은 이래. 너는 반만 알고 있어서 그런 거야. 정말 내려놓는다면 사람은 마구잡이로 살지 않아.

동가: 그걸 어떻게 확신하죠?

여신: 자신에게 이로운 것, 올바른 것을 저절로 찾아가기 마련이니까. 내가 요즘 찾아간다는 표현을 써서 혼동이 있을까 봐 말하는데, 찾아간다는 건 실제로 어딜 가는 게 아니라 '원래 네 안에 있는 것'을 발견하는 것뿐이야. 이 점 명심해. 그리고 네가 걱정하는 그런 일은 일어나지 않아. 이건 나중에 다시 설명하겠지만 자신의 온전한 모습이 되었을 때 우리는 서로를 포용한단다. 그곳에 미움, 질투, 분노, 슬픔, 파괴는 없어. 오로지 서로에 대한 온전한 이해, 넘치는 평화, 너그러움, 조건 없는 사랑만이 존재한단다.

동가: 전 아직 마음속에 시커먼 게 남았나 봐요. 조건 없이 누구를 사랑하라니까 내키지 않네요.

여신: 내가 널 그렇게 사랑한단다, 얘야. 있는 그대로의 너를.

동가: 으으으윽! 등골이 오싹해! 징그러워요.

여신은 슬며시 웃으며 동가의 귀를 가볍게 잡아당겼다. 동가

<u>는 고통에 몸부림치면서도 어쩐지 여신의 행동에서 그녀가 말</u>
<u>했던 '사랑'을 이해할 수도 있겠다는 생각이 들었다.</u>

여신: 이번에는 그런 순한 행동, 온전한 행동에 관해서 설명해
      줄게. 준비됐니?

동가: …네.

여신: 톱니바퀴 돌아가듯 자연스럽다는 건 좋은 비유야. 정확
      하게 이해할 수 있도록 단어를 고르자면, 그래. '인도'라
      고 하자. 그건 어떤 의미로는 '인도'니까. 무엇이 무엇무
      엇을 '인도하다.' 할 때의 그 인도.

      가장 쉽고 좋은 길은 완전히 내려놓은 상태에서 모든 행
      동을 '인도'받아 삶을 나아가는 거지만, 동가가 말했듯
      이 보통은 그러기가 쉽지 않아. 그래서 이번 가르침은
      슬쩍 아래층의 이야기를 섞을 거란다. 위층과 아래층은
      각각 '완전히 인도받은 삶'과 '때때로 인도받는 삶', 그 차
      이야.

동가: 둘 다 도움이 될 것 같아요.

여신: 결국 같은 이야기를 하는 것뿐이니까 그렇지. 이 가르침
      의 핵심은 '기꺼이 행동하라'야.

동가: 무슨 뜻이죠? 뭐에 기꺼워하라는 건가요?

여신: 영감, 직관, 계시, 아이디어. 그 어떤 단어로 불러도 좋
      지만, 그것은 내려놓는 것이 익숙해지면 몇 번이고 너희

를 찾아온단다. 그건 너희의 출퇴근길일 수도 있고, 우연히 만난 지인과 대화를 하는 순간일 수도 있어. 식사 시간, 잠이 들락 말락 한 시점, 혹은 그저 무언가에 열중해 있는 순간일 수도 있지.

동가: 그게 뭐예요. 일상의 전부라는 거잖아요.

여신: 전부, 언제든지. 그것은 자신이 열려있기만 하면 하루에도 수십번씩 너희를 찾아온단다. 그리고 너희가 기꺼이 따라주기를 바라고 있지.

동가: 그럼 그대로 하면 되는 거 아닌가요?

여신: 음, 보통은 안 그렇거든. 어째서인지는 물어볼 것도 없어. 동가 너 말이야. 두어 달 전의 너에게 회사를 관두라고 했으면 그랬겠니?

동가: 말도 안 되죠. 그때는 제가 이렇게 작가가 돼야겠다는 확신도 없었는걸요. 지금은 그래도 최소한 뭐라도 하는 퇴직자지만, 그때는 그냥 백수라고요.

여신: 하지만 그때도 네게는 끊임없이 그 '인도'가 말을 걸어주었을 거란다. 네가 보지 못했을 뿐이야.

동가: 내려놓아서 '인도'가 온 것이 아니라 내가 받아들여 주지 못한 거라고요? 기꺼이 행동하지 못했을 뿐? 뭐가 그래요. 얘기가 다르잖아요. 내려놓는 만큼 다가오는 거라면서요?

여신: 동시에 이뤄지는 거야.

동가: 내려놓는 만큼 인도를 받기도 쉽고, 그리고 그 인도를 선뜻 따라가기도 쉽고. 결국 같은 말이라는 건가요?

여신: 다시 정리해서 말해줄게. 영감, 아이디어 등의 '인도'는 매 순간 너를 찾아왔지만 네가 기꺼이 행동하지 못했을 뿐이야. 받아들이지 못했던 거지. 내려놓음이 어째서 인간들의 인생을 더욱 좋게 변화시키는 줄 알겠니?

동가: 내려놓음. 이런…. 그저 감정적인 문제를 해결하는 게 다가 아니었네요. 이제 이해할 수 있을 것 같아요. 제가 퇴사할 때도 그랬어요. 분명 불안하고 걱정되어야 할 텐데 대책 없다는 생각이 들 정도로 평온하더라고요.

여신: 당시의 너는 너의 기존의 직장과 네가 새롭게 찾아가고 싶은 직업 사이에서 충분히 내려놓았기에, 자연스럽게 행동으로 전환된 것뿐이야. 앞으로 네가 계속 내려놓다 보면 그런 기적이 일상이 될 거란다.

동가: 만약 그렇지 않더라도 하나씩 날아오는 인도를 알아채서 기꺼이 행동하는 것만으로도 상황은 나아진다는 거네요. 어째서 인생이 이렇게나 쉬운 거죠?

여신: 그저 네가 어렵게 살았을 뿐이란다. 너희 인간들의 삶은 원래 쉬운 행복이야.

동가: (가만히 서서) 중얼중얼….

여신: 뭐 하는 거야?

동가: 오늘 너무 중요한 이야기를 들어서 하나라도 빼먹지 않

고 싶은 마음에 가슴속에 새기고 있어요. 저는 이제 쭉 행복할 것만 같아요.

여신: 후훗, 한 번 경험한 앎은 절대로 내 곁을 떠나지 않아. 지적 이해와는 다르단다. 아무튼, 오늘 이것들을 명심했으면 이제 네가 해야 할 일도 잘 알겠네?

<u>동가는 냉장고 앞에 서서 눈을 감고 말했다.</u>

동가: 놓자, 놓아 버리자. 술을 놓아 버리자. 내가 어째서 술을 마시고 싶은지도 놓아 버리자. 술을 마시지 못할 이유마저도 놓아 버리자. 지금 이 상황은 내가 아니야. 집착하지 말고 모두 내려놓고 다시 바라보자.

<u>동가는 다시 눈을 뜨고 미련 없이 방으로 돌아와 책장에서 읽다 만 책을 꺼내 들었다. 그는 자신이 애용하는 의자에 앉아 책 표지를 쓰다듬으며 말했다.</u>

동가: 대낮부터 혼자 궁상맞게 술 취해서 뭐해. 내가 지금 진짜로 하고 싶은 건 책을 읽고 사색하는 거야. 내키면 글을 쓰는 것도 좋겠지. 그저 조금 전까지 존재했던 내 안의 어떤 감정이 습관적으로 술을 원한 것뿐이야. 나는 지금 술을 마셔도 되고, 마시지 않아도 괜찮아.

생각해 보면 그녀가 나에게 술을 마시지 말라고 했던 것도 내가 습관적으로 음주를 했기 때문이었어. 적당하게 마시는 술은 괜찮다고 했건만 내가 고집부려서 금주하겠다고 한 거지. 다 내려놓자. 그리고 기꺼이 행동하자.

무거운 주제 내려놓기

여신: 지금 동가가 열심히 사색 중이니, 당신에게만 특별 강의를 전달할게. 제9장과 비슷한 내용의 가르침이지만 이것 역시도 소중하게 사용해 줬으면 좋겠어.

나는 이것을 '무거운 주제 내려놓기'라고 이름 붙였어. 자, 공식을 소환해볼까?

'무거운 주제'를 '길게' 떠올려 보기 → '놓기'로 결정

사람의 인생은 고해(苦海)라고 하지. 나는 이 말을 그다지 좋아하진 않아. 하지만 일반적으로 인생은 수많은 고통과 괴로움 속에 있는 것도 사실이지. 그런 수많은 고통과 괴로움 중에서도 당신을 끊임없이, 아주 오랫동안 상처 주는 것이 있을 거야.

예를 들면 궁핍에 대한 고통이나, 특정한 사람과의 말썽일 수도 있어. 흡연에 대한 집착이나 식욕을 억제하기 힘들지도 모르겠네. 혹은 결벽에 대한 강박일 수도 있겠지. 제9장에서처럼 이번에도 그저 홀로 있을 만한 장소를 찾아 준비해 줘. 이번에도 역시 그저 '생각'과 '의도'만으

로 우리는 작업을 계속할 거니까.

자, 그럼 이제 눈을 감고 자신이 현재 겪고 있는 문제를 떠올려 보세요. 일상적으로 내려놓을 수 있는 것들 말고 조금 깊고 무거운 주제로요. 그건 현재 자신의 경제 상태일 수도 있고, 누군가와의 잦은 말썽일 수도 있습니다. 그것이 무엇이든, 얼마나 무겁게 느껴지는 주제이건 상관없이 떠올려 보세요. 오랫동안 당신을 괴롭힌 그런 것들이요.

여전히 눈을 감은 채로 호흡을 고르게 하세요. 고요한 호흡이 당신을 더욱 평화롭고 집중하게 해 줄 것입니다. 명상 자세일 필요도 없어요. 그저 당신이 안심하고 앉아있을 수만 있으면 됩니다. 잠들지 않을 거라는 자신이 있다면 누워서 해도 상관없어요.

여러 가지 잡념과 생각들이 떠오를 거에요. 중요한 점은 이때는 그저 놓아 버리라는 것입니다. 당신이 더욱 깊은 상태로 내려갈수록 잡념이 떠오르기도 쉽지만, 반대로 그것을 내려놓는 것 역시 무척이나 수월해진다는 것을 알 수 있을 것입니다.

그리고 당신이 선택한 그 주제를 떠올려 보세요. 어떤 생각이 드세요? 오로지 그 주제에만 집중해 보세요. 잡념들을 내려놓으면서 그 주제를 잠시만 있는 그대로 바라봐 주세요. 어떤 기분이 드나요? 어떤 감정이 솟아오르나요? 그것이 무엇 때문인지, 무엇이 원인인지는 생각하지 마시고 그저 그냥 두세요. 일단은 놓아 버릴 필요도 없이 충분히 그것을 경험하는 것입니다.

마음이 열리고, 열리고 또 열려서, 그것이 당신 안으로 들어왔다 나갔다를 반복할 것입니다. 저항하지 말고, 밀어내지 말고 그저 전적으로 수용하는 상태 그대로 계셔 보세요. 그리고 그것을 지켜만 보세요. 일상생활 속의 당신이었으면 알아차리지 못했을 것들을 발견할 수 있을 것입니다.

어쩌면 당신은 솔직하지 못해서 그것을 붙잡고 있었을 뿐인지도 모릅니다. 진실을 알게 되면 그것이 나를 더욱 괴롭힐까봐. 혹은 단지 그저 겁이 나서. 그것은 넓은 의미로 보았을 때 역시 집착이기도 하고 갈망이기도 합니다

맞아요, 그것 역시 당신이 붙잡고 있는 것입니다. 반복해서 말씀드리지만, 당신이 붙잡고 있지 않으면 그것은 아무런 의미가 없어요. 세상 그 어떤 이의 강요보다 더욱 무거운 것은 바로 당신이 당신에게 씌우는 강요입니다. 다른 이들에겐 그들만의 삶이 있고 당신에겐 당신만의 삶이 있어요. 세상 모든 사람이 당신을 억압해도 당신이 자유롭기를 선택하면, 분명 자유로워질 수 있습니다.

어느 순간이 되면 당신이 평소에 그렇게나 무겁다고 생각했던 그 주제가 그렇게까지 버겁게 여겨지지 않는 시점으로 올라갑니다. 이건 정확히 몇 분이면, 얼마큼 유지하면 된다는 그

런 개념이 아니에요. 그저 당신의 판단을 넘어서서, 그냥 앎으로 그것을 깨달을 수 있어요. '아, 이런 것들이 나를 지금까지 괴롭히고 있었구나.' '마주 보면 사실 아무것도 아니구나.' 당신에게 어떤 식으로 생각될지는 모르겠지만, 그것은 그렇게 조용하게 다가옵니다.

그럼 그때 당신은 그저 의도하면 돼요. 늘 그랬던 것처럼 단지 '놓는다'는 의도를 갖는 것으로도 그것이 힘을 잃고 저절로 사라지는 것을 느낄 수 있을 것입니다. 충분히 그것이 힘을 잃고 사라졌다는 생각이 든다면 눈을 뜨고 새로이 이 세상을 바라보시면 됩니다.

당신이 의욕적이라면 이 상태에서 또 다른 것들을 떠올리고 내려놓는 작업을 계속할 수 있겠지만 일단 그 고요 속에서 깨어나 당신을 점검해 보기를 권해드립니다.

조금 정신을 차린 후 그 무거웠던 문제에 대해 떠올려 보세요. 어떠세요? 아직도 그렇게나 무겁나요? 혹시 상당히 가벼워졌다는 생각이 들지 않으세요? 가벼운 만큼 그것은 이제 당신을 괴롭히지 않을 것입니다.

제11장
행복을 미루지 마세요

미루지 마세요. 지금 놓고 행복해지는 거예요. -여신-

동가: 도대체 인식의 전환이라는 건 뭘까요?

여신: 뜬금없이 무슨 소리야?

동가: 여신님이 가끔 말씀하시잖아요. '인식의 전환이 중요하다고. 정확히 알고 싶어요. 요즘 내려놓음으로 인하여 선명해진 저의 영적, 정신적 인도가 말해옵니다. '물어봐!'

여신: 동시에 '굳이 듣지 않아도 돼!' 같은 목소리는 들리지 않디?

동가: 음, 솔직히 잘 모르겠어요. (몸을 배배 꼬며) 그냥 빨리빨리 알려 주시죠, 네에에에?

여신: '에휴, 이런 모습을 귀여워했구나. 별 볼 일 없는 이 남자가 왜 그리 사랑을 받았는지 알겠다.' 상당히 모욕적이지만 이번만은 너그럽게 봐주지.

자, 인식의 변화라는 것도 결국 같은 이야기의 반복일 뿐이야. 내가 몇 번 말하긴 했지만 난 그저 같은 가르침을 다르게 말할 뿐이라고. '놓기'라는 것 자체가 인식의 전환을 위한 한 가지 방편일 뿐이니까. 동가야. 20년간 표류한 사람 이야기 기억나니?

동가: 그럼요. 덕분에 저는 세상에서 제일 미웠던 대리와 극적으로 화해하기도 했잖아요.

여신: 그 '가정하기' 역시 그런 인식의 전환을 위해 고안해낸 것뿐이야. 불편한 타인이 자신의 인식 변화로 인해서 더 할 나위 없이 사랑스러운 존재가 되는 걸 경험했지? 단지 20년간의 표류 경험을 가정하는 것만으로도 일시적인 불쾌감이 사라진 거지.

동가: 하지만 그러고 얼마 지나지 않아, 그때 그 감정처럼 너 그렇게 보기는 힘들더라고요. 뭐랄까, 원상 복귀라고 해야 하나요? 예전만큼 미운 건 아닌데 습관처럼 돌아온 느낌이었어요. 간신히 또 내려놓아도 슬금슬금.

여신: 좋은 지적이야. 그래, 익숙하지 않은 대부분의 경우 그런 인식의 전환은 다시 원상 복귀되곤 하지. 그래서 너희는 늘 마음이 어떻게 변화하는지를 관찰하고 경계해야 해.
어떤 이와의 말썽, 감정의 골이 깊을수록 놓아 버리는 일은 한 번으로 끝나지 않을 거야. 이런 경우 반복적으로 작업해도 좋고, 앞장의 부록인 '무거운 주제 내려놓기'를 진행하는 걸 권할게.

동가: 무거운 주제 내려놓기? 어? 그런 게 있었어요?

여신: (무시하며) 사람마다 경험하는 게 다르고 쥐고 있는 게 다르다는 걸 명심해.

동가: 저만 따돌리지 마쎄요! 너무하네, 언제나 신세를 지고 있는 주제에!

여신: 누가 누구한테 신세를 진다는 거야! 이 멍청한 한심둥아!

동가: 죄, 죄송합니다. 으아악!

퍼버버버벅. 3초에 무려 16번이나 날아오는 콤비네이션 펀치들은 확실히 그녀가 인류 이상의 존재라는 걸 증명해 주었다.

여신: 어차피 넌 아는 거나 마찬가지인 주제니 잔말 말고 들어. 내가 말했지? 너에게 일어날 일은 일어날 것이고.

동가: (아픈 몸을 매만지며) 으으, 알게 될 것은 알게 될 것이다, 힝. 경청할게요.

여신: 조언 하나 하자면, 마음을 관찰하는 것이 큰 도움이 될 거란 말이야. 그 관찰에 익숙해지다 보면 마음이 작동하는 프로세스를 알게 되니까.

동가: 구체적으로 어떤 거죠?

여신: 쉽게 말해 '나의 어떤 인식이 현재 나를 이런 상황에 놓이게 했구나'라고 할까? 이것을 알아차리는 것, 마음이

작동하는 방식을 깨닫는 것이 위대한 성장을 가능케 한
단다. 그 후에는 아주 쉬워. 쉬운 만큼 빨리 찾아내겠
지. 쉽고 순한 삶, 온전한 삶, 풍요로운 삶, 너희에게 꼭
맞는 삶 말이야.

동가: 저는 어쩐지 그런 삶에 많이 다가간 것 같아요.

여신: 그만큼 열심히 내려놓았다는 거니까, 칭찬해 줄게. 사랑
한단다, 얘야.

동가: (몸을 부르르 떨며) 으으윽, 고마워요.

여신: 적극적으로 마음을 관찰하려면 고요하게 있는 것이 좋
아. 눈을 감고 내려놓는 게 일반적인 내려놓기보다 효율
적인 것도 바로 이 때문이지.

동가: 명상의 일환으로 사용할 수도 있겠네요.

여신: 그래, 늘 그렇게 탐구하는 자세를 유지하도록! 성장은
본래 단번에 깨닫는 것이 제일 좋지만, 그게 어렵다면
하나하나씩 —감정, 경향, 습관, 자의식 등— 놓아 버리
는 것도 옳은 길이지. 옳은 길을 명확히 알고 흔들림 없
이 나아간다면 성장은 반드시 따라오는 거야.

동가: 혹시 팁 같은 건 없나요?

여신: 으음. 인식의 전환, 결국 마음을 고요하게 하는 것에 관
련된 것에 초점이 맞춰져 있다면 뭐든 괜찮지. 자신의
정신적, 영적인 성장에 도움이 되는 거라면 무엇이든 좋
아. 네가 만약 운동이 너의 성장에 도움이 된다고 생각

한다면, 해. 단지 기대 없이, 집착 없이 해야 한다는 걸 명심하고. 그런 주제로 보자면 햇빛을 많이 보거나, 과도한 음주를 삼가는 것도 있겠지.

동가: 좋은 책을 읽고, 깊이 사유하는 것도 있겠네요. 혁신적인 내려놓음이 당장은 어렵다면 최대한 끌어모아 높은 곳으로 쉽게 오갈 수 있도록 하는 게 차선책이라는 말씀이죠?

여신: 그렇지! 이걸 세속적으로 표현하면 한 마디로 '마음의 다이어트'랄까?

좋은 말을 듣고 좋은 사람들을 만나. 자신의 성장에 방해되는 것을 보게 되었을 때, 보통 선택지는 두 개로 좁혀지지. 그에 반응할 것인가, 아니면 놓아 버리고 자신의 작업에 집중할 것인가.

동가: 첫 번째의 경우 과거와 별다를 게 없는 인생을 살게 되겠지만. 두 번째는.

여신: 약속된 순하고 온전한 삶이 기다리고 있겠지?

동가: 어째서 좋은 말, 좋은 사람이 중요한 거죠?

여신: 흠, 결국 이것도 인식의 문제야. 믿음이 곧 현실이 된다는 말은 잘 알고 있지?

동가: 그럼요. 저는 나름 끌어당김의 법칙 전문가였다고요.

여신: 그렇다면 이해가 빠르겠네. 모두 알고 있듯이 자신의 잠재의식에 들어간 믿음은 분명 현실화돼. 그래서 긍정적

인 생각, 긍정적인 기분을 느끼라는 거고.

하지만 그 반대의 경우도 마찬가지라는 게 참 재밌지. 인지하지 못하고 지나쳐버린 부정적인 생각, 기분 역시 믿음이 되기 때문이야. 누군가의 부정적인 말, 부정적인 행동을 보고 네가 적절한 조처를 하지 않으면 그것이 너의 잠재의식 속에 심어져 언젠가는 현실이 될 거야.

동가: 뭐라고요?! 이런! 세상이 무서워졌어. 저는 앞으로 이 방 밖으로는 나가지 않을 셈입니다.

여신: 뭔가 착각하고 있구나. 동가야. 예를 들어보자. 너는 네가 그토록 사랑하는 그녀가 네 앞에서 부정적인 이야기를 한다고 해서 그녀를 안 만날 생각이니?

동가: (침묵)

여신: 그런 거야. 사람은 혼자 있을 수 없어. 그러니 아예 차단하려는 것보다는, 어떤 상황에 놓이든 옳은 행동을 하는 게 더 현명한 일이지. 그리고 난 그 현명하고도 옳은 행동에 대해서는 아주 많이, 몇 번이고 반복해서 너희들에게 알려 주었단다.

동가: 내려놓기.

여신: 그래그래. 이제 잘 알고 있구나.

동가는 이야기를 듣다 말고 머리를 긁적이며 머뭇거렸다.

여신: 궁금한 게 있구나?

동가: 조금 다른 이야기일 수도 있는데요. 저는 여신님을 만나기 전에는 끌어당김의 법칙만을 진리라고 생각해서 연구하곤 했죠. 실제로 삶이 나아진 경험도 있었고요. 그렇지만 언젠가 여신님이 말했죠? 진리는 하나인데 그것을 모두가 다르게 전달하고 있을 뿐이라고. 그런데 저로서는 끌어당김의 법칙과 여신님이 제안하는 '온전한 삶, 내려놓은 삶'은 아무리 봐도 다르거든요.

여신: 좋은 질문이야. 자, 어째서 끌어당김의 법칙과 '온전한 삶'이 같은 진리를 이야기하는지 알려줄게.

욕구 발생 → 좋은 결과를 상상하기 → 욕구 충족

→ 충족된 상태에 맞춰 현실이 구현된다.

욕구 발생 → 욕구를 내려놓는다

→ 내려놓은 상태에 맞는 현실이 구현된다.

무슨 차이인지 알겠니?

동가: 반쯤요.

여신: 네가 어떤 것을 소망하여 그것을 이루고 싶다고 하자. 그것이 현재는 없지만 상상하기 혹은 확언을 하거나 글로 적거나 하는 것을 통해 그것을 가진 감정만큼은 미

리 느껴 볼 수 있지. 욕구가 떠오른 순간 사람은 기본적으로 '그것이 없음'에 대한 갈망을 느끼는데 그것이 채워지는 순간 '온전한 현실'을 보는 거지.

동가: 유, 유레카!

여신: 알겠니?

동가: 네네! 두 이야기가 일맥상통하는 부분을 정확히 비교하려면 이렇게 하면 되겠네요.

욕구 발생 → 좋은 결과를 상상하기

→ 욕구 충족(비록 상상이지만)

→ 충족된 상태에 맞춰 현실(온전한 삶)이 구현된다.

욕구 발생 → 욕구를 내려놓는다

→ 내려놓은 상태에 맞는 현실(온전한 삶)이 구현된다.

결국, 둘 다 온전한 현실, 있는 그대로의 자신을 보려는 방법이었군요!

여신: 그러니 어떤 방식을 택하든 그것을 잘 해낼 수 있다면 사람은 누구나 다 행복을 찾을 수 있지. 마음을 다뤄서 얻는 것은 노동을 통해 얻는 것보다 훌륭하고 편하단다. 행여나 노동을 하게 되더라도 정작 자신은 그것을 힘들다, 어렵다 느끼지도 못할 만큼 자연스럽게 흘러

갈 테고.

동가: 심오한 말이네요.

여신: 끌어당김의 법칙의 경우 상상, 확언, 소망 적기 등 여러
가지 기법을 통하여 원하는 걸 이루겠지. 분명 좋은 결
과를 얻을 수 있어! 하지만 소망을 의도하고 법칙만을
완벽하게 믿는 것은 생각만큼 쉬운 일이 아니었을 거야.

동가: 최소한 이 못난 제자는 그랬습니다. 자신의 믿음 이하의
것은 끌어당길 수 있었지만, 그 이상의 것들은 한계에
부딪히기 일쑤였죠.

여신: (반색하며) 그래서 내가 제안하는 건 차라리 마음을 고요
히 하라는 거야. 행복을 꿈꾸는 게 아니라 행복이 되
는 거라고 하면 이해하겠니? 완벽한 것을 상상하는 것
과 지금 완벽하다고 자신을 전환하는 것은 어차피 같
은 거야. 둘 다 너희에게 좋은 것, 행복한 것만 가져다
줄 거란다.

동가: 정말, 속이 후련하네요. 늘 궁금했거든요. 이것도 조금
만 생각해보면 알 수 있는 이야기인데, 저만 바보였던
것 같기도 하고.

여신: 후훗, 중요한 사실 하나를 알려 줄 테니 기운 내. 이거
야말로 진정한 팁이겠구나. 이미 잘 적용해서 사용 중
인 사람도 있을 테지만, 중요하니까 다시 강조하는 거
야.

한마디로 말할게. '행복을 미루지 마. 기대하지 마.'

동가: 행복을 미루지 말라고요? 그나저나 기대요? 전 내일이 기대되는걸요. 저는 인생의 큰 도구를 얻었고 이제야 순하게 잘 풀려나갈 거라 확신이 드는데. 가만히 있어도 인생의 청사진이 머릿속을 훑고 지나가는 것이 막!

여신: 동가야, 그 모든 걸 다 내려놓아야 해. 너는 내려놓는 만큼 지금을 살 테고, 기대하는 만큼 그 행복을 미루는 거야.

동가: 기대하는 만큼 행복을 미뤄요? 아니, 요즘 때때로 이유 없이 행복하기도 한데! 그래도 가끔은 미래의 행복을 기대해 봐도 괜찮은 것 아닌가요?

여신: 네 행복은 5분 후도, 내일도, 그 어떤 나중도 아니라 지금 이 순간에 있어. 늘 명심해. 가장 마지막으로 내려놓아야 할 것은 어쩌면 그 '기대'야.

　기대라는 말이 낯설면 다르게 말해 볼까? '언젠가' '나중에는' '내가 이것만 된다면' '계획' 등. 혹시 당신도 이런 말을 습관적으로 한다면 놓아 버려야 해. 전부 내려놓고 지금을 봐. 지금, 오직 지금! 지금 이 순간, 당신이 어디에 있고 무엇을 하고 있는지. 그게 어째서 행복인지 봐야 해. 내려놓으면 당신은 자연스럽게 그 행복을 자각할 수 있어. 자, 숙련된 조교?

동가: 놓으세요! 놓아 버리세요.

여신: 옳지. 참, 아직 익숙하지 못한 나머지, 혹은 미처 생각이 미치지 못해 놓아야 할 순간에 놓지 못한 경우도 있을 거야. 그래도 걱정하지는 마. 당장 그러지 못했더라도 괜찮아. 생각이 든 그 시점에 하면 되니까. 못했다고 후회하지 말고 떠오르는 순간 하면 그만이야.

집으로 돌아와 가만히 침대에 누워 오늘 일어났던 내려놓아야 할 것들을 줄줄이 떠올려 보는 것도 추천해. 대신, 아주 솔직하게 해야 해. 그리고 그것이 올라온다면 의도를 가지면 돼. 속삭여도 괜찮고, 만일 가능하다면 큰소리로 외쳐도 상관없어.

이제 슬슬 가르침이 마무리되어 가네. 내가 당신에게 제안하는 것들을 적용하는 것만으로 당신이 바라던 행복을 찾고, 될 수 있을 거야.

여신의 말을 듣는 순간 동가는 멈칫하며 여신을 빤히 바라보았다.

동가: (이글거리는 눈빛으로) 이제 끝이라고요?

여신: 왜 그러니, 동가야?

동가: 정말, 이거면 충분해요?

여신: 그럼. 충분해. 장담한단다.

동가: 하지만, 전….

여신: 으, 으응? '얘가 갑자기 왜 이래? 왜 저리 뜨거운 눈길로,
설마?'

동가: 충분하지 않아요! 저는 여신님을, 여신님을 아직…

여신: 응? 응? 동가야. 무슨 말을 하려고 하니. 안된단다, 애
야. 난 여신이고, 넌 인간이…

동가: 더 세심한 교육이 필요하다고요! 무언가를 놓치고 있다
는 의문이 슬금슬금 올라와! 미칠 것 같, 컥!

빡! 뒤통수에 어느 때보다도 강력한 불꽃이 작렬했다!

동가: 왜 때려요!?

여신: (버럭) 들었다 놨다 하니까 그렇지!

동가: 잉? 내가 뭐를 들었다 놨는데요?

여신: 그런 게 있어! 몰라도 돼!

**동가는 한껏 억울함을 담은 눈으로 머리를 매만지며 여신을
뾰로통하게 바라보았다.**

여신: '사람 만들어놨더니, 이런 것도 남자라고. 내가 잠시 흔
들렸네.' 어휴, 그래 네가 뭘 원하는지 알겠어. 무언가 놓
치고 있다 이 말이지?

동가: 과거의 저는 의심도 많고 집착하는 사람이었죠. 그때라

면 습관적으로 집착해서 매달렸겠지만, 당연히 지금의 저는 달라요. 많이 내려놓은 지금도 뭔가 허전하고, 핵심 중의 핵심이 있을 거란 생각이 든다고요.

여신: 감이 제법인데? 하이라이트를 남겨둔 걸 또 어떻게 알고! 자, 그럼 마지막 장을 기대해. 당신도 기대하라고, 기대!

제12장
특별강의 — 사랑해요!

<u>미모의 여교사로 변신한 여신이 이번에는 교실까지 소환한 뒤에 동가를 자리에 앉혔다.</u>

여신: 사실 내려놓는 것만으로 충분하긴 하지만, 특별히 동가와 당신을 위해 강의를 준비했어.

동가: 선생님, 선생님! 어째서 충분하다는 말씀이죠?

여신: 구조적으로 그렇거든. 내려놓는 것을 하다 보면 자연스럽게 자각하는 것 중에 하나가 이번 주제니까. 알기 싫어도 알게 될 것은?

동가: 알게 된다!

여신: 정답, 그렇다면 느끼기 싫어도 느껴야 할 것은?

동가: 느끼게… 된다. 이 말이죠?

여신: 이 점 명심하고 따라와.

너희의 마음이 무언가를 집착하고 뭔가를 갈망하는 것에서 벗어나 내려놓음이 순조롭게 진행되다 보면, 어느 순간 그 비워진 공간에 새로운 것들이 막 채워지는 것을 느낄 수 있을 거야.

동가: 새로운 거라고요?

여신: 좀 더 올바른 생각, 현명한 판단…. 이런 것들 말이야. 하지만 그중에서 가장 반짝반짝 빛나는 것이 바로 이번 장의 주제인 '사랑'이지.

동가: 사랑!

여신: 그래, 사랑. 하지만 방식은 늘 같아. 결과에 대한 기대를 버리고, 굳이 무언가를 애쓰지 마. 그러면 그 순간 너희들의 마음은 더욱 옳은 쪽으로, 더욱 긍정적인 쪽으로 흐르기 시작하니까. 그런 이유로 사랑만큼은 굳이 의도하지 않아도 괜찮단다.

동가: 그래서 특별강의라는 거군요. 충분하다는 건 그런 뜻인가요?

여신: 세상은 놓는 만큼 조화 속에 있으니까. 놓아야 얻을 수 있어. 지금껏 들어 본바 내 가르침은 쉽고 단순했지? 그저 받아들여 보고 딱 얼만큼만 열중해 보면 돼. 분명 무언가가 바뀌어있을 테니까.

여신은 칠판에 크고 예쁜 글씨체로 글자를 적었다.

'내려놓음'

여신: 당신이 내려놓는다면, 놓아서 비워둔다면 그 안에는 자

연스럽게 긍정적이고 밝은 것이 채워져. 그것이 사랑이야. 그러니 당장 사랑이 끓어오르지 않는다고 애쓰지 않아도 괜찮아. 놓기만 하면 돼. 그거면 충분해. 그리고 당신의 기분이 어떻게 달라졌는지 봐.

동가: 포근하고 행복해져요.

여신: 정답. 시선은 좀 더 너그러워지고 예전보다 더욱 남을 포용할 수 있을 거야. 그게 사랑이란다. 다른 사람을 있는 그대로 지금 이 순간 허락하는 것, 그것이 바로 사랑이야.

여신은 잠시 말을 멈추었다가 바로 옆에 한 단어를 추가했다.

'사랑'

동가: 여신님이 늘 말씀하시던 그 사랑 말이죠?

여신: 맞아! 개인적으로는 마지막 장을 '사랑'에 대한 이야기로 끝맺을 수 있게 되어 다행이라고 생각해. 참, 여기서 내가 말하는 사랑은 순수한 사랑을 뜻해. 단지 남녀 간의 연애감정에 한정되는 게 아니라 그 이상을 포함하는 사랑 말이야.

동가: 넓고 큰 사랑이네요.

여신: 당신에게 연인이 있다면 있는 그대로 그 사람을 바라봐. 참고로 내가 제안하는 건 늘 그랬듯 어떤 행위에 국한되는 게 아니라 의도, 마음가짐의 이야기야. 태어나서 이런 이야기를 처음 해 보는 사람들은 그게 어려울 수 있어. 그럴 때는 그저 마음을 먹는 것만으로도 충분해. 그 사람이 앞에 있다면 가만히 바라보면서, 없다면 마음속에 떠올려 봐. 그리고 말하는 거야. 이건 속으로 말해도 좋고 실제로 입을 열어 전달해도 좋아.

> "나는 당신이 어떤 모습이어도 사랑해."
> "나는 당신의 있는 그대로를 사랑해."
> "나는 그저 당신이 당신이기에 사랑해."

이 경우 단지 마음이 따뜻해진다고 하는 사람도 있고, 좀 더 역동적인 감각 —배 언저리부터 가슴, 혹은 등줄기를 타고 올라오는 행복감— 을 느낀다는 사람들도 있어. 어느 쪽이든 좋은 감각이야. 결과가 신통치 않아도 신경 쓰지 마. 어쨌든 당신은 지금 큰 발걸음을 내디딘 거니까.

동가: (두 눈을 꼭 감은 채로) 나의 그녀, 있는 그대로의 당신을 사랑합니다. 나는 그저 당신이 당신이기에 사랑합니다.

여신: 동가야, 우리는 지금까지 여정을 함께해 왔지? 거기 당
　　　신도! 지금쯤이면 어느 정도 마음이 열린 상태라 믿어.
　　　그럼 굳이 이것을 연인에게만 제한할 필요가 없다는 것
　　　도 알겠지?

동가: 헉, 설마….

여신: 그 설마가 정답이라네. 가족, 친구들, 직장동료, 혹은 그
　　　저 스쳐 지나갔을 뿐인 사람들. 모두에게 우리는 이것
　　　을 적용할 수 있어. 자, 모두 부끄러워 말고 소리 질러!

동가: (머뭇머뭇) 전 조그맣게 말할래요.

"사랑해요! 당신이 어떤 모습이어도 사랑합니다!"
"당신의 있는 그대로를 사랑합니다!"
"그저 사랑합니다!"

동가: 마음이 좋네요. 점점 행복해지는 느낌. 아! 이 감정, 나
　　　알 것 같아요. 내려놓은 순간 나를 감쌌던 그 행복이야.
　　　그 감정 맞죠? 맞죠?

여신: 그렇단다. 그래서 내가 굳이 의도하지 않아도 이것은 자
　　　연스럽게 너희를 찾아올 거라고 한 거야.

동가: 그래도 이왕 방법을 알았는데 꾸준히 하지 않을 이유도
　　　없잖아요. 저는 틈틈이 '사랑'할 거예요. 저는 이 기분이
　　　너무 좋으니까요.

여신: 그래, 이것은 또한 마음을 아주 풍요롭게 만들기도 한단
다. 마음으로 하는 사랑은 공짜지만, 그로 인해 얻을 수
있는 긍정적인 작용은 값을 매길 수 없어. 단 기대하지
말고 행하는 거야. 기대가 올라온다면 놓아 버려.
혹시 어떤 이들은 이럴지도 몰라. '사랑? 좋아. 하지만
나는 이 사람의 이건 싫어.'라는 그 생각도 놓아 버려.
당신이 사랑하기로 했을 때 그것을 부정하는 마음의 목
소리들을 전부 내려놓는 거야. 이 세상에 내려놓을 수
없는 건 없어. 심지어 너희는 너희 자신마저도 내려놓을
수 있단다.

동가: 이것도 심오한 이야기네요. 명심하겠습니다.

여신: 부정하는 목소리들을 지우면 지운 만큼 상대가 사랑스
럽게 보일 거야. 그리고 그 결과는 즉각 이루어지지. 자,
사랑을 준 뒤로 그 사람들이 어떻게 변하는지 봐 봐. 미
운 직장상사, 고집불통인 친구, 괜스레 혐오스러운 이
사람, 저 사람, 전부 사랑해 보는 거야. 그들과의 관계가
극적으로 변하는 것을 본 당신은 이렇게 외칠 테지.

'이건 기적이야!'

기적은 늘 일어날 수 있고, 또 일어나고 있어. 당신이 사
랑하는 만큼 당신은 더욱 행복해질 테니까. 또 하나의

진실을 말해 줄까? 어째서 이것이 행복이고 너희를 고양시키는지 알겠니?

동가: (손을 번쩍 들었다) 저 뭔가 감이 왔어요. 이것이 원래의 우리인 거죠?

여신: 그래, 사랑하는 상태가 우리에게 가장 자연스러운 상태이기 때문이란다.

동가: 어째서 여신님이 우리에게 있는 행복, 본래의 자신을 찾으라는지 이제 알겠네요. 정말 감사합니다. 저는 너무나도 행복해요.

여신: 동가야, 지금 네가 느끼는 행복. 그 이상도 느낄 수 있단다. 너는 지금보다 더 행복해질 수 있어. 행복해지고, 행복해지고, 또 행복해질 수 있어. 그건 당신도 마찬가지야. 당신은 사랑하는 만큼 행복할 거고, 그것에는 한계가 없다는 것만 늘 명심하면 돼.

동가: 너무 행복해서 터져버리면 어떡하죠?

여신: 후훗, 그럴 일은 없단다. 자, 사랑을 전달하는 또 다른 방식을 알려줄게. 너희가 지금껏 해오지 않았던 사랑하기를 실천하다 보면 가슴속에서 넘실넘실 사랑이 올라오는 순간이 있을 거야. 그러면 그때는 잠시 눈을 감고 마음속의 팔을 크게 벌려 봐. 그리고 눈앞에 사랑해줄 상대를 떠올려 안아주는 거야. 그리고 외쳐 봐. 마음속인데 어때? 부끄러울 것도, 창피할 것도 없다는 걸 기억해.

"사랑합니다!"
"당신을 사랑해요! 당신으로 있어 줘서 고마워요!"

때때로 사랑하고 싶은 사람들이 너무나도 많을 때는 그 사람들을 전부 한 공간 안에 몰아넣을 수도 있어. 아무리 상상이라도 너무 좁은 곳은 불편할 테니 거대한 광장이나 운동장이 좋겠네. 준비되면 당신이 선택한 사람들을 전부 그 속에 몰아넣고 외쳐.

"사랑합니다!"
"여러분 사랑해요! 당신들로 있어 줘서 고마워요!"

그리고 당신이 팔을 쭉쭉 늘려, 그 거대한 팔로 모두를 한꺼번에 포옹하는 상상을 하는 거야.

"나는 여러분의 있는 그대로를 사랑합니다!"
"나는 그저 여러분이 여러분이기에 사랑해."

*

동가: 너무 기뻐서 눈물이 다 나올 것 같아요, 힝. 정말 행복

에는 한계가 없는 거군요.

여신: 지금 그 이상의 행복을 알려주려고 하는데?

동가: 저는 이미 —지금 한정이지만— 세상 사람들을 사랑하는데요?

여신: 세상 사람들 전부?

동가: 네, 혹시 빼먹은 지인들도 있을지 몰라서 운동장을 만들고 '에잇, 내가 아는 사람 몽땅 들어가라!' 하고 안아 줬는걸요?

여신: 동가야. 앞서 말한 것처럼 너희의 내려놓음이 순조롭게 진행되다 보면 어느 순간 비워진 공간에 새로운 것이 막 채워지는 것을 느낄 수 있을 거야. 그것이 사랑이란다.

동가: 그 이유는 사랑하는 상태가 우리에게 자연스러운 것이기 때문이라고 하셨죠.

여신: 그렇다면 이번엔 방향을 돌려볼까?

동가: (열심히 두리번거리며) 엥? 어디요?

여신: 어디라고 생각할 것도 없어. 늘 인식의 전환을 염두에 둬야지. 동가, 너 자신 말이야.
당신, 바로 거기 있는 당신! 당신도 마찬가지야. 당신은 자신 역시 사랑해야 해.

동가: 아아…. 가장 중요한 걸 빼먹고 있었네요. 난 역시 바보야. 힝, 미안하다. 동가야.

여신: 미리 말해두건대, 이것은 나르시시즘(Narcissism)이나 이

기심, 자기애 같은 것과는 다른 이야기야. 당신은 어쩌면 자기 사랑에 대한 이야기를 들었을 수도, 공부했을 수도 있어. 계속해왔다면 무척이나 긍정적인 결과를 얻었을 테지만, 자기 사랑 만큼은 충분하고도 충분할 만큼 계속해도 되니까. 잘 따라와 봐. 동가야, 너는 자신을 얼마큼 사랑하니?

동가: (곰곰이 생각한다) 그래도 꽤 사랑하는 편이라고 생각해요. 슬슬 나이가 들수록 튀어나오는 뱃살이나 때때로 절 사로잡은 우울은 밉지만, 헉!

여신: 네가 너에게 무슨 짓을 하고 있는지 알겠니? 자, 모두 마찬가지일 거야. 다른 사람을 있는 그대로 사랑하는 것보다 자신에게 그것을 허용하는 걸 더 어려워하는 사람들이 많지. 왜냐면 타인은 말 그대로 타인이지만, 자신은 24시간 내내 붙어있기 때문이야.

그렇기 때문에 자신에게 주는 사랑은 보다 극적이고 어마어마한 영향력을 발휘하기도 해. 당신이 당신에게 주는 사랑만큼 행복한 것은 없어. 이것은 진리이고 나의 제안을 따라 하다 보면 당신도 아주 쉽게 이해할 수 있어. 조급해하지 말고 천천히 따라와.

동가: 힝, 동가야. 그동안 너무 미안했어. 앞으로 잘해 줄게.

여신: 거울을 봐도 되고 그저 눈을 감고 자신을 상상해도 돼. 준비됐으면 나를 나라고 인식하는 순간 말하는 거야.

다른 사람들에게 줬던 만큼, 아니 그 이상을 잔뜩 주어
도 '나'는 그것을 다 받아줄 테니까.

"○○(자신의 이름)야. 사랑해."
"나는 내가 어떤 모습이어도 사랑해."
"나는 나의 있는 그대로를 사랑해."
"나는 그저 내가 나이기에 사랑해."

여신: 있는 그대로의 자신을 허용하고 사랑하는 건 더할 나위
없는 자유란다. 행복이고 사랑이지. 사랑이 사랑을 불
러일으키고 그것은 문자 그대로의 선순환(善循環)이야. 당
신이 어떠한 욕구를 떠올리는 것은 행복해지기 위해서
였을 거야. 하지만 외부의 어떤 욕구를 채움으로 인한
행복은 한계가 있어.
동가: 하지만 사랑함으로 인해 주어지는 자유와 행복은 한계
가 없군요.
여신: 그렇지. 행복 이상의 행복이며 무한한 자유로움이란다.

놓으세요! 그리고 사랑해 주세요!

이것이 내가 너희에게 주는 궁극적인 제안이야. 자신에
게 사랑을 표현하면 마음 한구석에서는 이런저런 내면

의 목소리들이 들려올 거야. 그것은 지금껏 당신을 사랑받지 못하도록 방해하던 부정적인 인식들이지.

동가: 저도 아직 뭔가가 슬금슬금 올라와 방해하는 게 있어요.

여신: 그래도, 그것은 말 그대로 인식뿐이란다. 오로지 너희가 부여했고 놓아주지 않았던, 꼭 쥐고 있던 괴로움들이야. 나는 여기가 못나서 사랑할 수 없어. 나는 나의 이 점이 싫어. 나는 나의 이런 게, 저런 게….

동가: 너무 잔인하네요.

여신: 지금껏 너희들이 자신에게 해온 게 어떤 것들인지 알겠어? 얼마나 많은 학대와 슬픔을 부여했는지 알겠냐는 거야.

동가: 지금이라도 고칠 수 있는 거죠?

여신: 물론. 그것은 내가 반복해서 말한 것처럼 아주 단순하고 쉬운 것이야. 자신에게 부정적으로 떠들어대는 목소리를 놓아 줘. 그리고 그 자리를 온전히 사랑의 몫으로 남겨두는 거야. 부정적인 생각은 긍정적인 생각으로 얼마든지 지울 수 있어.

자랑하려는 건 아니지만, 나의 제안의 특징이자 큰 효과를 불러일으키는 원리 중 하나는 부정적인 생각을 그저 억누르는 게 아니라 놓아 보내준다는 거야.

동가: 그리고 그 빈 곳에 사랑을 채울 수 있으니 굉장하네요.

여신: 그저 억누를 뿐인 행동은 또 다른 트라우마를 만들게
돼.

동가: 놓으세요!

여신: 그것은 아주 자연스러운 것이기에 늘 적절할 거야. 그리
고 그 비워진 그곳은 사랑으로 채워 봐. 당신이 얼마나
행복해졌는지 보는 거야. 당신 자신이 얼마나 자유롭고
기뻐하는지 확인해 봐.

당신이 늘 그 안에서 살았으면 좋겠어. 내가 바라는 건
오직 그것뿐이니까.

*

　　열정적인 강의가 끝난 후, 동가는 바로 집으로 돌아오지 않았
다. 언젠가 그녀와 함께 걸으면 좋았으리라 생각했던 산책로에
서 풀과 나무들을 바라보며 걷고 있었다.

여신: 흠흠, 동가야.

동가: 네?

여신: 내가 인연을 주관하는 담당자에게 물어보았는데, 그 여
자는 네 배필이 맞아.

동가: 그렇다면 어째서요?! 왜 그녀는 아직… 아, 아니에요. 저
는 놓아 버리겠습니다.

여신: 이유는 단 하나란다.

동가는 멈춰 서서 여신을 똑바로 바라보았다. 여신의 눈빛은
처음과 같이 온화하고 자애로웠다.

여신: 너는 그녀의 있는 그대로를 사랑하고 있니? 너는 얼마
　　나 그러고 있어?

동가: (잠시 침묵한 후) 그렇다고 생각했어요.

여신: 단지 생각뿐이었구나.

동가: 창피하지만, 그래요. 네! 저는 그녀를 사랑하긴 했지만
　　조금 부족한 사랑을 했어요.

여신: 네 잠재의식은 그걸 아는 거야. 너는 그녀의 어디가 좋
　　았어?

동가: 그녀는 아름다워요. 나의 이상형이고 저와 취향도 취미
　　도 같았죠. 늘 저한테 잘해주고 저를 존중해 줬어요. 하
　　지만….

여신: 하지만?

동가: 때때로 속상한 부분이 있었어요. 그녀는 자주 화를 내
　　진 않았는데 화낼 때면 너무 무서웠단 말이에요. 그래
　　도 지금이라면 다 인정할 수 있어요. 저는 이제 사랑이
　　뭔지 안다고요. 저는 그녀가 어떤 모습이라도, 어떤 말
　　을, 어떤 행동을 하더라도 그녀를 사랑해요. 그녀가 그

녀 자신으로 존재하기에 저는 그녀를 사랑해요.

여신: 잠깐, 지금 잘하고 있는 와중에 미안한데, 혹시 그 '화'는 뭐야? 왜 다툰 거지?

동가: (머뭇거리며) 그, 저로 인해 열 받아서 성질을 낸 거지만….

여신: 야 이, 화상아!

<u>퍼억! 여신의 강력한 라이트 어퍼컷이 동가의 아래턱을 향해 날아왔다. 힘 조절은 개나 줘 버려! 동가는 여신의 펀치 한 방에 바람 빠진 풍선처럼 길바닥에 쓰러지고 말았다.</u>

여신: 헉!? 너무 한심해서 적당히 때리는 걸 깜빡했네. 으음, 과거의 일을 가지고 내가 너무했나. 녀석도 많이 깨달은 것 같은데.

<u>여신은 동가의 몸을 둘러업고 집으로 돌아와 그를 눕혔다. 조용히 방문을 닫고 나가며 여신이 말했다.</u>

여신: 동가야, 곰곰이 생각해보렴. 가장 중요한 건 지적인 이해를 넘어선 앎이야. 지금의 너라면 다 내려놓을 수 있어. 진짜 행복을 발견할 수 있단다.

<u>동가는 의식의 끈을 놓지 않은 채로 생각을 계속했다. 여러</u>

가지 생각들이 들어왔다 나갔지만, 그는 초점을 맞춰 자신이 알아야 할 것들만 남기고 전부 내려놓았다. 그러자 자신의 모습들이 여과 없이 보이기 시작했다.

동가: 내 잘못은 용서받지 못할 만큼 컸지만, 그뿐만이 아니었구나. 내 안에는 정직한 그녀가 싫어하는 경향과 사고방식들이 아주 많았어.

궁지에 몰리면 감추고, 선의의 거짓말이라 설득하며 남들을 기만하고… 세상에 이렇게나 잘못된 사고방식을 갖고도 그럭저럭 살고 있었다니 놀라울 따름이었다. 단돈 몇만 원의 이득을 보려고 그녀 앞에서 양심을 팔아버린 일도 있었다. 너무나도 한심했다.

그리고 그의 깊은 마음속에서 아주 놀라운 사실을 알게 되었다. 그것은 다른 누구도 아니라 동가 자신이 '그녀'를 다가오지 못하게 막고 있다는 진실이었다.

동가: 나는 지금까지만 해도 어떻게든 그녀가 나를 너그럽게 받아들여 주길 바랐어. 하지만 진짜 내 속마음은 그렇지 못했구나. 그녀를 밀어내고 있는 건 결국 나였어. 내가 지금 현재도 떳떳하지 못한 게 많아서 그런 거야. 좋은 사람이 되어 그녀를 만나고 싶다. 하지만 나는 아직 좋

은 사람이 아니다. 이 두 가지 생각이 얽히고설켜 그녀를 밀어내고 있었다. 잘못을 알고 나니 새로운 길이 보였다. 그리고 그것은 정말로 큰 해방감이었다.

동가: 다시 돌아와 주기를 바라면서도 밀어내고 있다니, 이것보다 더 우스꽝스러운 일이 어디 있겠어? 놓아 버리자. 모든 것을, 전부. 놓아 버리는 거야.

동가는 다시 생각을 붙잡고 마음을 가라앉혔다. 이 상태에서 그녀가 온다고 행복할까? 또 같은 문제를 반복하지 않을까? 의자에 앉아 마음속을 들여다보면서 계속 생각했다. 눈을 감을 때도, 눈을 뜨고 있을 때도, 걸을 때도, 잠들기 직전에도, 잠에서 깨어난 후에도 계속 생각했다.
그리고 그는 마침내, 자신의 모든 잘못을 되돌아보고 내려놓을 수 있었다.

<u>우여곡절 끝에 동가는 한 권의 책을 손에 쥐고 외출 준비를 시작했다.</u>

여신: 오늘따라 들떠 보이네?

동가: 드디어 그날이에요. 사실 그녀와 약속했거든요. 제가 자격을 갖추면 그녀 앞에 다시 서기로.

여신: 설마 그 책? 아, 그래! 네가 쓴 책이구나? 무슨 내용이야? 지금껏 내게 보여주지도 않고. 나빴어, 정말!

동가: 제가 지금껏 여신님께 배워서 성장할 수 있었던 가르침들을 적어 봤어요.

여신: 흐음, 예상은 했지만 그랬구나. 그나저나 그녀 앞에 설 수 있는 그 자격이라는 게 뭐야?

동가: 믿음직한 사람, 그녀를 진심으로 사랑하고, 사랑받을 수 있는 멋진 남자요. 지금 저는 제 일을 사랑해요. 게다가 나름대로 풍요로운 삶을 살게 되었죠. 저는 이제 감추지 않아요. 저 자신이 자랑스럽기도 하고요. 표현하기 어렵지만 어쨌든 이제 자격이 된다고 생각합니다.

여신: 뭔가 평소보다 더 뻔뻔하지만 인정해 줄게. 너, 정말 멋진 남자가 됐어. 너 정도면 충분히 좋은 사람이야. 여신

의 축복을 담아 선언해 줄게. 너는 그녀와 분명 행복할
거야.

동가: 제가 좋은 사람이 되었기 때문인가요?

여신: (고개를 저으며) 그건 상관없단다. 나는 예전에도 그랬고,
지금도 그래. 물론 앞으로도 변하지 않아. 그러니까….

여신은 동가의 눈을 그윽하게 바라보며 그를 부드럽게 안아
주었다. 그것은 모든 것을 존재 자체로 인정하는 너그러운 태도
였다.

여신: 내가 널 아주 많이 사랑한단다. 너의 있는 그대로의 모
습을.

동가: 저도 당신을 아주 많이 사랑합니다. 그리고 있는 그대로
의 모든 것을요.

동가는 가벼운 발걸음으로 그녀가 있는 곳을 향해 달려나갔
다. 그렇게 동가는 행복을 손에 넣었다. 원래 그 자리에 있었고,
그저 자각해주기만을 기다리던 그 행복을.

저의 내면에서 누군가가 그렇게 소리친 건 깊은 고요 아래서
였어요.

"놓으세요!"

그 목소리를 듣자마자 떠오른 건 어떤 책에서 읽었던 한 구절
이었습니다.

'내가 쥐고 있지 않으면 그것은 아무것도 아니다.'

저는 그 목소리를 가슴속에 담고 계속 생각했어요. 여러 가지
생각과 감정들이 떠올랐지만, 이를 가라앉히고 오로지 더 나아
갈 수 있는 방식에 대해서만 생각했습니다.

'놓는다면 그게 결국 무어란 말인가.'

'이 모든 걱정, 불안들을 놓아 버린 다음에도 나는 나인가? 나
라고 부를 수 있는 것인가?'

내가 내가 아니라면 나는 무엇일까? 나는 비 맞는 걸 싫어했
는데, 비 맞는 걸 싫어하는 경향이 없다면 그것은 누구인가? 이
것을 좋아하는 나는 누구인가? 저것을 싫어하는 나는 누구인
가? 애초에 '싫어한다'는 감정은 무엇인가? 내가 아무도 모르는
곳에서 내가 아닌 것처럼 있으면 그것은 나인가? 애초에 이런
생각들, 감정들을 떠올리면서 울고, 웃는 건 누구인가? 궁금
한 나? 떳떳하지 못한 나? 그녀에게 버림받았던 건 누구지? 그

녀를 기만하고 어리석게 행동한 건 누구지?

'그렇다면 지금껏 이 모든 것들을 붙잡고 있던 나는 결국 누구인가?'

그 순간, 깊은 해방감과 함께 마음이 고요해졌어요. 그것은 '내려놓음'이자 구속에서 벗어나는 것이었습니다.

*

당시의 저는 그저 '있는 그대로' 있었습니다. 동시에 그렇게나 오랫동안 책을 읽고 명상하면서도 알아차리지 못했던 '세상 모든 일은 나의 마음속에 있다.'는 깨달음이 저에게 온 것이었죠.

평온과 고요 속에서, 저는 이전에는 생각지도 못했던 의지가 솟아오르는 걸 느꼈어요. 그건 과거의 충동이나 욕구와는 달랐어요. 내가 알게 된 것을 사람들과 공유해야겠다는 생각. 그래서 저는 펜을 들고 지금 이렇게 당신께 이야기를 전달하고 있는 것입니다.

당연히 저보다 더 불행했다고 생각했던 사람도 있을 테고, 현재 더 힘든 상황 속에 계신 분도 있을지 모릅니다. 하지만 이 진리를 받아들이는 데 있어 그게 중요할까요? 일의 경중, 상황, 사건과 아무 상관 없이 그저 놓는 건 누구나 할 수 있습니다. 단지 놓으세요. 놓은 뒤에 자신을 바라보세요. 그 후에 의심, 걱정, 불안, 집착이 올라오면 그것을 또 놓아 버리세요.

'이런다고 뭐가 바뀌나?'

놓아 버리세요.

'그래 봤자, 금방 또 현실이 날 괴롭히겠지.'

놓아 버리세요.

'그(그녀)가 내 곁에 없다는 건 바뀌지 않아.'

놓아 버리세요.

다시 한번 말씀드리지만, 당신은 그 문제가 아닙니다. 잘못된 상황이란 없습니다. 마찬가지로 잘못된 사람, 잘못된 현실이란 없습니다. 단지 인식만이 있었을 뿐입니다. 그런 고로 세상 모든 게 선(善)이 아닐 리 없을 테지요.

그러니 놓고, 놓고, 놓고, 놓아 버리고, 또 놓아 버리세요. 그리고 바라보세요. 당신은 지금 어디에 있습니까? 어떤 마음으로 앉아있습니까? 그저 지금 이 순간이 무척이나 평화롭다고 생각되지 않으세요? 혹시, 행복이 꿈틀거리는 게 느껴지지는 않으신가요?

그렇다면 이제 됐습니다. 이제부터는 '지금 이 순간' '온전한 당신'으로 '행복한 삶'을 사세요. 제가 바라는 것, 제가 말씀드리는 것은 단지 그것뿐입니다.

여신: 놓으세요! 그리고 사랑해 주세요!

지금까지 이 책을 읽어주신 분들께 감사의 말씀을 드립니다.

늘 행복하세요. 여러분도 자신 안에 존재하며 '늘 발견해 주기를 기다리는' 행복과 사랑을 찾길 바랍니다.

> 여신: 나는 당신을 아주 많이 사랑한단다. 있는 그대로의 당
> 신을.

지금도 고통받고 있을지 모를 또 다른 '나'들에게

- 동가